疗愈原生家庭创伤

从与家庭和解出发,学会修复自我关系

洪仲清 李郁琳 / 著

Healing Family Trauma

华夏出版社
HUAXIA PUBLISHING HOUSE

图书在版编目（CIP）数据

疗愈原生家庭创伤 / 洪仲清, 李郁琳著. —— 北京 : 华夏出版社有限公司, 2021.3

ISBN 978-7-5222-0083-5

Ⅰ. ①疗… Ⅱ. ①洪… ②李… Ⅲ. ①家庭关系－社会心理学－研究 Ⅳ. ①C913.11

中国版本图书馆CIP数据核字（2020）第255742号

中文簡體版通過成都天鳶文化傳播有限公司代理，經遠流出版事業股份有限公司授予大陸獨家出版發行，非經書面同意，不得以任何形式，任意重制轉載。本著作限於中國大陸地區發行。

版权所有，翻印必究。

北京市版权局著作权登记号：图字 01-2021-0304 号

疗愈原生家庭创伤

著　　者　洪仲清　李郁琳
策划编辑　陈　迪
责任编辑　赵　楠

出版发行　华夏出版社有限公司
经　　销　新华书店
印　　刷　三河市万龙印装有限公司
装　　订　三河市万龙印装有限公司
版　　次　2021年3月北京第1版　2021年3月北京第1次印刷
开　　本　880×1230　1/32开
印　　张　7.5
字　　数　143千字
定　　价　49.00元

华夏出版社有限公司　网址：www.hxsph.com.cn 地址：北京市东直门外香河园北里4号 邮编：100028
若发现本版图书有印装质量问题，请与我社营销中心联系调换。电话：（010）64663331（转）

推荐序 1

身体可以离开家庭，心却永远无法割舍

家庭成员可以是两人或更多，彼此关系复杂，所以没有不起冲突的。身体可以离开家庭，心却永远无法割舍，从儿童到成人，每个人都曾一度或永久存在于家庭关系的议题中。当我阅读心理师洪仲清与佳家人际智能开发心理治疗所执行长李郁琳合著的《疗愈原生家庭创伤》时，爱不释手，家庭的千百种样貌跃然于纸上，亲子关系、婆媳关系、夫妻互动及原生家庭的影响威力，均以扣人心弦的文字牵动我的情绪，我三十年来做婚姻咨询师的感受全部回来了，一头栽进书中。

《疗愈原生家庭创伤》真的不是普通的心理治疗心得或感

想,而是作者透过儿童来窥探家庭的窗户。作者走入他们的家庭,分析问题的症结,点燃明灯,引导当事人经由思考来反转认知,以体会家人的感受来管理自己的情绪,并重新与家人建立关系。

这本书最大的特色有三,其一是抛出一些家庭重要议题,如"如何陪伴小孩""自我检视""性别角色""同性之爱""治疗者本身的情绪"和"关系修复"等。其二是以认知行为学派为基础,提供精心设计的练习作业,步骤清楚且明确有效。其三是蕴藏着儿童心理学、婚姻关系学及家庭治疗的影子,雅俗共赏,临床／咨询心理师可以借鉴作者的经验,学习治疗技术,而家庭中每一个成人亦可经由阅读产生洞察,尝试以新行为模式与家人相处。

"治疗优而写作",我非常推崇心理师洪仲清多年的专业功力与执行长李郁琳的爱心及细致。这是一本好书,让我们一起阅读吧!

林蕙瑛

东吴大学心理系副教授、资深婚姻与家庭咨询师

推荐序2

以爱，带彼此回家

现在的社会相较于过去，更容易去学习以及了解如何关心儿童及青少年的心理。很多父母告诉我，当他们回顾早些年如何去对待孩子的时候，其实很多人都知道，自己早年对待孩子的方式，的确是错了。那些方式，对孩子来说是一种伤害。

他们知道过去对孩子的教养方式，不只给孩子的心灵造成了伤害，也伤害了他们之间的关系。他们也看到过去自己的一些无知；还有，他们为了生活不得不扛着压力，这使他们无心，也无力去关怀孩子的心灵。

很多父母，在自己开始学习心理关照与对生命的觉察之后，以极大的勇气跟孩子开诚布公地谈心，他们想知道，对孩子而言，过去究竟造成了什么伤害。

可是，很多父母也会跟我反映，当他们去跟孩子说抱歉，跟孩子做一些类似忏悔的表达时，孩子没有办法立即接受，也没有办法真正地相信，父母真的知道早些年对于他们的伤害是什么。所以，父母很自责，同时也很苦恼，很想让孩子赶快翻过那些过往受伤的生命之页，重新开始彼此的关系，但却往往不能如愿；甚至，孩子逃得更远，回避及抗议得更强烈。

我常常告诉这些有心修复家庭关系的父母，其实这是不能急的！当你没有真正好好地去体会孩子在这么久的时间里是如何独自承受来自父母的攻击、伤害，甚至是羞辱时，孩子的心是无法再开放、再勇于让父母靠近的。

如果只是在表面上，急迫地说声对不起，要孩子不再去介意早年所经历过的伤害，那么这样的期待及要求，将成为对孩子的二度伤害。

父母必须要了解，当你真心跟孩子表达歉意时，它必须是来自你真正的体会，孩子在非常需要父母爱的年纪，将父母视为生命的全部，因此所承受的伤害就显得格外沉重。在过往的生命岁月中，孩子承受了孤独、无助及恐惧，必须压抑、隐忍，以顺应父母给予的世界，努力存活，支撑自己，努力接受所发生的一切。如果我们身为父母的，只是以形式聊表心意，期望尽快解决掉那些早年伤痛的阴影，并且要求孩子赶快放下并与自己和解，跨往亲子关系的下一步，那么往往无法获得成效，还会使双方的心更加疏远。

正因为我们越来越多的人感受到来自家庭的伤痛，所以我们努力求解，想要重新学习这个关于爱的课题。家，是社会的基本生活单位，也是生命的孕育地。家庭，是我们成长最重要的养分来源。当家庭里尽是攻击、争斗、仇恨、分裂时，人的生命内在也将因此伤痕累累、破碎痛苦。

谁都渴望有一个充满爱及温暖的家，然而，这并非容易的事。家庭，虽是一个社会单位，却是由完全不同且独特的个体所组成的。建立家，维护家，让家人彼此能一同成长，这绝对是需要学习的事。

而学习需要指引，需要有人来分享经验，也需要系统的解说，让我们了解这当中的要领。洪仲清心理师如今分享给我们一本书，这是一本再好不过的指南。洪心理师不仅分享了丰富的修复家庭关系的经验，而且让读者充分地了解家的意义，让家真实地成为我们心灵的归属，成为滋养我们生命的地方。

家的幸福美满，不是靠口号，不是靠想象，也非自然而然能够实现的。这需要许多面对问题的勇气，也需要有学习的意愿及态度。让家人在爱的基础上，不仅善于表达，也能带着理解，好好聆听对方的表达。让家成为我们理解爱、表达爱的最重要的地方,也因着这份爱,我们终于有家,一个我们真正聚在一起的家。

苏绚慧

心灵疗愈书籍作家、心理咨询师

作者自序 1

爱与不爱的源头

这本书的开始，有个故事。

有一位朋友，想要与我探讨他跟父母之间的关系。初步听他描述，牵扯甚深，有许多陈旧的创伤，我担心我能力不够，因此婉拒。眼看着自己父母的岁月所剩不多，但是在心理上跟他们还是有一段距离，这位朋友担心此生留下遗憾。

有多少人在父母生前是抱着憾恨的情感面对他们的？跟自己的父母和好，也许在某些人看起来实在不成议题，血浓于水，哪有什么不能谅解的？但是身在僵局中的人知道，理智上说得通，并不代表情感上能接受。

我虽然很清楚自己的不足，但也希望我跟着朋友一起走到柳暗花明的境地。

于是，以这个为起点，我开始探索我面对的许多故事，想从里面抽丝剥茧，找出一些适合的案例，配合理论上的引导，希望通过文字的陪伴，让朋友有机会找到回家的路。

这一写，就是一年。

说实话，我认为优秀的人比我多得多，也有不少书从各种不同角度出发，剖析家庭的动力。我本来希望停笔，多积累一段时间再说。但是，网络实在是个神奇的媒介，我写的家庭故事上网之后，引发了更多类似或不同的分享。

原来，回家的路，这么难！

更多朋友们提出的问题积累在我的心中，让我恨不得一天当两天用，阅读、思考、想要挖掘、整理出更可行、有效的方式，帮助更多我认识与不认识的朋友，有勇气再去面对早被尘封或不想面对的创伤记忆。

有两个月，我常睡在地板上。这种类似苦行的方式，我以前就用过，后来跟一些考生交换心得，发现他们也有类似的行为。我们的理由很像，就是怕自己睡得太熟！

以我来说，眼睛一睁开，常常第一件事就是工作。睡到一半,突然有感觉,就会立刻起身,直接把手放在我随时开机的电脑前面,把灵感记录下来,或者查询某些资料。我在生理上也许没那么老,但大脑好像不太够用了,有些不错的想法,常常只要没马上写下来,就会转眼不见。

我感觉这两个月的酝酿,虽是实验性质居多,但也有其必要性。通过这个过程,我能体会到,为什么有些作家、小说家,一工作起来,就会达到没日没夜的状态。坦白说,全心投入的专注,使人感觉能把概念写得明白些、深刻些。

朋友们在网络上的留言,让我有了更多的自信。我发现,朋友们分享的故事,似乎能帮助到更多的人。有不少朋友提到,我的文章与读者的留言,对他们有些疗愈效果。

我身边的亲戚、朋友,也常对号入座,认为我在写他们的故事,有的还会因此不高兴。这让我感觉有趣。我的故事,为了保护当事人,常常拼拼凑凑,更改背景资料,早就不是原样。可是,只要故事的片段取自真实生活,好像就能打动人心。当然,这些故事也会激起一些朋友的攻击性言语,我当然无法逃避。

我故事的主角,常以"朋友"开头。当然,我没那么多朋友,那是亲戚、朋友、同学、同事、个案……或是我自己的一种具有保护性的称呼。有时候,我被问到是不是在写某人的故事,我常常不置可否。因为,至少里面会有一些部分跟特定的某人无关。

至于我开头提到的那位朋友,我这一年来常默默地关心他与父母之间的关系。他对我说:"你没发现我跟我的父母越来越靠近了吗?"

他确实看过我的文章,但我相信,他能修复关系,主要还是靠他自己的努力。回归原生家庭不容易,可是,那是我们爱与不爱的源头;不回去,很多关系的本质就会看不清。

在这个过程中,本书的共同作者李郁琳,给了我不少帮助。我们共同讨论了不少案例与文章,她也写了一些她的经验,分享了不少实用技巧。期待我们从家庭出发,跟自己和好。祝福您!

洪仲清

作者自序 2

二十年圆一梦

我小时候的志愿是当老师,因为当老师看起来很威风又很有智慧,每天可以跟小朋友玩,好像可以永远年轻。最重要的是,在我那个年代,当老师对女生来说,是一个又棒又稳定的职业。

当我慢慢长大,我眼里的世界,开始有了变化,人生的际遇多变,遇到的人和事,深深地影响着我之后的人生方向。

中学时期,陈华珍老师开启了我对文学和文字的兴趣,她常常不吝于赞美我、指导我,让我觉得自己似乎在文学上有点天赋,我也因此更愿意努力向前;高中时候的杨文谋老师,他授课时一派文人气息,对于字音、字形的丰富知识,对当时热衷于研究文字及参加相关比赛的我，带来了很大的帮助；高中老师吴华龄，对于该在早自习看英文却老是偷看诗词书籍的我，抱着宽容的态度，并乐观看待我那相较于其他同学的迥异行为，因而，我也在此时期开始尝试写小说及不成熟的诗词，我觉得那时候的自己，似乎浑身上下洋溢着对文字的热情；大学时期的林蕙瑛教授，她长期通过撰写专栏、书籍，将自己的人生经验及专业知识嘉惠众人，是我一直很崇拜及学习的对象。

这些老师对我的包容、鼓励及言传身教，让我的志愿除了当老师，又多了一个选择——当一名文字工作者。这让我不但可以继续发展我的兴趣，还可以通过书写来传达自己的想法。

二十年过去了，我对文字的热爱不减，加上社群网络的兴起及贵人的提携，让我有更多机会将文章给更多朋友分享，也终于有机会去实现自己的心愿。

在这本书中，我撰写的重点在于各篇最后的练习部分，以及内文中的几篇文章。在撰写练习这部分内容时，我要感谢本书的共同作者洪仲清给我的建议与帮助，通过一起讨论书中的案例与文章，并试着将理论和技巧通过比较浅显易懂的方式来书写，带读者一起学习，是我的目标，因为我希望提供给读者练习的技巧，是清楚可执行的，是即使只有自己一个人，只要愿意尝试，也可以做到的。

这本书的写作风格对我来说是一项全新的尝试和挑战，以前我写作的方式，主要是以自己的所见所闻或是助人经验，从他人的故事出发，再联系自身的经验、想法。但写这本书的时候，有别于以往，我重新整理了自己的方式，通过讨论、阅读去了解别人的思维方式，并使用了许多技巧、理论，我觉得，自己在这个过程里好像也成长了不少。

这本书诉说着我们身边每个人的故事，有你的，或许也有我的。在建立自己的家庭前，我们都有原生家庭，原生家庭里的一切，影响我们甚深，所以，你一定可以从中找到似曾相识的模糊影子。然后，请试着停下脚步，和我们一起思索那些已经过去的、还未过去的、正在发生的、还在隐忍的种种事情。让我们学习自己帮助自己，也让这本书带着你，重新检视那些发生在我们身上的"好"与"不好"的情绪，并赋予它们新生的意义。

最后，谨以此书献给我最最亲爱的家人，尤其是我的爸妈，感谢你们包容我的任性，让我做自己想做的事，让我从失败和挫折中学习面对自己的人生，而不是走你们期待的、顺遂的路，这是你们给我的最大祝福！如果以后我有任何能让你们感到骄傲的地方，那么，有很大一部分是来自你们的栽培和陪伴，谢谢你们让我做自己！

李郁琳

目录

家庭里的真理

理想的家庭　//003

家庭里的真理　//008

家庭能复原　//012

◎ **帮助我们改变的练习**　//016

第一章
给自己松绑

情绪勒索　//025

家庭中的旁观者　//031

一辈子的朋友或仇人　//037

家庭中的扭曲与误解　//041

我不喜欢带小孩　//047

别太早对自己的人生下结论　/052

给自己松绑　/059

没有安全感的大人　/065

◎ 跟自己及他人和好的练习　/070

第二章
我的孩子，以及我内心的孩子

原生家庭里的家规　/077

放下期待，反而自在　/081

公主的世界　/087

第一个朋友　/090

他们都只陪我玩一下　/093

儿子只有一个　/097

为人父母是一种服务业？　/101

你这什么态度！　/105

生气对生气　/109

给孩子的一封信　/111

窥探家庭的窗　/114

同性之爱　/118

不一样的家人　/121

爱被逼得那么紧　//125

别考验一个人欲望的深度　//129

◎ **学习自我对话的练习**　//133

第三章
家庭中的女性，还有男性

家庭中的性别议题　//139

谁有教养权？　//143

想当妈妈的女儿　//148

妈妈的委屈　//153

讲情论理有黄金比例吗？　//157

自我肯定　//161

你不要再解释了　//165

冒着风险讲需要　//170

哪一道门是开着的？　//176

面对它，接受它，处理它，放下它　//181

练习祝福　//184

天使妈妈是坏人　//188

在世界末日之前修复关系　//191

◎ **爱的黄金比例的练习**　//194

第四章
修复关系，重启对话

偶尔不依赖 ∥199

不真实的美好 ∥202

用情绪牵引 ∥206

如何修复关系？ ∥210

◎ **受伤圈的练习** ∥216

家庭里的真理

每个家庭,各自看到不同的世界。到底家庭里的哪种信念才是真理,要看是不是所有成员都同意,而且还要看能不能放在所处的文化与社会中运行。

理想的家庭

"我的家庭真可爱,整洁美满又安康,姊妹兄弟很和气,父母都慈祥;虽然没有好花园,春兰秋桂常飘香;虽然没有大厅堂,冬天温暖夏天凉。可爱的家庭呀,我不能离开你,你的恩惠比天长。"

华人重家庭观念,我们有清晰的理想家庭图景。理想的家庭,因其时代与地区的不同,而有不同的定义。以前三代同堂是常被描绘的画面,现在则以小家庭为主,家境小康以上,有固定的居所,有温和陪伴的父母,和谐的手足关系,让人眷恋和依赖。

事实上,认真探究,我们会怀疑,这样的家庭是不是真实存在?

贫富差距越来越明显,少数的富人掌握了社会大部分的资源。房价高涨,租房、搬迁者众。父母的压力大,精神也紧张,常在催促孩子完成功课与处理家庭琐事之中煎熬。离婚率高,隔代教养、独生子女的家庭很普遍,家暴、虐待新闻频发。

超过一半的未婚者想进入婚姻,但是,结婚率越来越低,离婚率越来越高，成为社会相当普遍的现象。而我们慢慢也能接受想一辈子享受单身生活的人，或虽然结婚但不想生育的夫妻。

然而，我们确实眷恋、依赖家庭，即便家庭不见得美满安康。不管是原生家庭，还是新组成的家庭，都密切地牵动我们的情绪。对我们来说，家庭是一种物理上的存在，更是影响个人心理世界的重要建构。

当我们对于"理想家庭"的执着越深，越可能在对照"现实家庭"之后，产生落差，挫折感加重。

曾经有位朋友对于新婚后，特别是孩子出生后的生活，非常不适应。根据婚姻满意度或者女性产后的心理变化相关研究显示，这是很常见的现象。她不断抱怨婚姻生活如何乏味，先生如何差劲，孩子如何难带，常没办法满足她婚前那种极受宠爱的期待。

我理解她的情绪，并说明目前一般家庭的现状，提醒她要珍惜得来不易的小康家庭。她确实在情绪被接纳之后，过了一段相对平稳的日子。但没多久，她所期待的贵妇生活依旧没出现，就又回到不断抱怨的模式。最后，令人遗憾地，她开始有了外遇，并主动提出离婚，结束了旁人羡慕的家庭生活。

对我来说，我常把家庭作为理解一个人情绪状态的重要因素。以这位朋友来说，她的父母长期婚姻不睦，妈妈二十几年来不断跟她抱怨爸爸的种种不是。我很自然地会推论，面对理想婚姻与现实婚姻的差距，这位朋友很有可能以不断抱怨的方式，企图消减她的挫折感。然后，按照早已设定好的情绪剧本，她先生在婚后的各种缺点，就会逐一浮出水面，与她对爸爸的印象重叠。她如果自省不够深，便会唤起多年来她深埋在内心的不安全感模式，启动自我防卫的机制，去寻求另一段关系。

学习爱与关怀，懂得尊重与信赖

如果员工不认同公司主管的管理方式与价值观，可以永久切割，终生不再互动。可是，即使家庭成员有能力在生理上离开家庭，但在心理上，家庭已经对我们划下影响深远的刻痕，再加上社会赋予家庭对每个人的意义，我们个人的思考、情绪、行为，也跟我们心里的家庭意象息息相关，即便从小亲生父母不在身边，也会有替代性的父亲与母亲的形象出现。

血缘有着强大的力量，家庭成员之间的关系有其唯一性。就算是父母离异、各自再婚，想填补亲人角色的继父母，无论他们付出多少，都没办法真正取代曾有过的私密情感联结。

于是，一个人若是憎恨自己的父母，就像是在心里自设了牢笼。直到理解父母，并诚心接纳父母的那一天，自我才会得到救赎。

美满的家庭，也会有"正常的苦恼"。家庭是一个情绪单位，也是一个社会单位。家庭除了面对一般性的社会压力，包括维持生活的必要工作、传宗接代的期望、医疗照护……还需要面对更大的课题，比如父母因为工作需要长期离家、因重大事件导致贫穷、家庭成员的病痛需要长期照顾……

所以，父母作为家庭的领导者，当然有可能因为缺乏资源，或应付不了过大的挑战，光是在基本生活的维持上就捉襟见肘，更别说给予家庭成员一个稳定的心理环境了。不过，如果我们愿意下功夫，仍然能做到，在物质困窘的情况下，支持与鼓励家庭成员的成长。

随着岁月流转，家庭与每个成员，都在不断地变化着。家庭里的每个人，始终跟整个家庭共踏着独立与依赖的舞步。过度追求个人独立，便会忽略家人在物质上，甚至精神、情感上相互依赖的本质。

一个人当然可以在情感上很大程度地自给自足、超然独立，但通常是在跟自己想象中的家人和解后，才得以重新获得对自己的充分信心。一个人的情绪如果能越少受家庭牵引，他就越可能跟家庭保持和谐关系。

理想的家庭，不但能够保持家庭的完整性，而且还能鼓励家庭成员不断探索与实现自我。家庭若有足够的力量，便能凝聚所有家人的情感，学习爱与关怀，懂得尊重与信赖，并在家人跌倒的时候，帮助与支持家人爬起来继续面对挑战。弹性与平衡，是理想家庭的特色。

然而，如果家庭没有足够的力量，便会任由存在的问题不断耗损家人们对家庭的认同，或者有可能牺牲某位家人的利益，来勉强维持家庭的功能。比如在早期社会，如果一个家庭手足众多，但资源难以均分，大姐常是被期待牺牲的那一位，她最好辛勤工作，又帮忙负责家务，不婚不嫁，栽培弟妹，最后照顾年老的双亲，一生要为家庭鞠躬尽瘁。

家庭遭遇困难，在所难免。最怕从此失去了尊严与希望，没了家人之间的协力同心，缺乏相互支持与鼓励，那么，家庭可能分崩离析，个人的成长也会暂停。

家庭里的真理

如果家庭是一间房子,那么,当幼年子女打开窗户,窗户的大小形状和位置,便决定了他们所看到的世界。我们可以这么说,家庭成员间的大小事,以及为了方便互动所制定的规范,成为家人判断是非与形成价值观的重要参考,诠释了这个世界。

于是,家庭认为重要的,才是真正重要的,好像被家人肯定,才有意义。所以,如果我们感觉幼年时并没有被父母好好对待,我们便会穷尽毕生之力,渴望得到父母的肯定,或者向他们证明,我们的重要性高过他们的认定。好像只有这样,我们的存在才有意义,我们长年的缺憾才能得以弥补。

家庭中的互动,有其可辨认的潜规则,平常我们不见得讨论,但在发生冲突的时候,问题会更多地浮出水面。比如:谁选择外出吃饭的地点?家人在客厅中常坐的位置?不同家庭成员说话时,谁该第一个回应及用什么态度回应?教导孩子功课时,如何分工?谁该请假照顾生病的子女?面对长辈的时候,各自该扮演何种角色?

我认识一对夫妇,相处数十年,丈夫只要生气就不说话,这时家庭会像电脑死机,很多事不能处理。大小事要以丈夫的喜好为优先，丈夫所使用的各项产品，总是全家最先进的。这个家庭的故事很典型，爸爸像皇帝，一切要听从他的指挥，否则就是不以家庭为重，没把尊长看在眼里。

另一对年轻夫妇刚好相反，家庭生活以太太的喜好为优先，太太的位子总是最方便看电视的；太太想要出门，孩子感冒也得陪着去，吹风远行；太太一生气，全家就等着受气；太太叫人时都叫全名，也常用命令句。好像女王一上座，众臣只能听命，抗命就是对家庭不付出。

潜规则是全体家庭成员共同参演的剧本，大家都在同一个舞台上粉墨登场。同样的戏码，一演再演就成惯性，惯性通常会抗拒家庭重组、转型（比如家有青少年或太太重病），因为这样的戏码所有成员最熟悉，尽管不见得最受欢迎。这时，家庭成员需要各自拿起剧本，共同修正对白，各自调整走位与肢体动作，才能让剧情重新流畅。

如果家庭能够简要且完整地描述这个世界，解释其原因，预测将来的可能性，通过控制与调整行为来顺应变局，那么，当家庭成员们面对各式各样的挑战时，大家便能够相对有自信，通过家庭会议积极迎接挑战、各自贡献力量。

有的家庭则害怕外在世界，能逃避就不面对，能间接就不直接，家庭成员间难以沟通。他们忽略了必须所有成员持有共同的信念，才可以抵御危险与威胁。

家庭里的真理，是成员的共识

以举办婚宴为例，这在华人社会是家庭大事，我曾经听过两个家庭各自面对婚宴的故事。

有一个家庭，半年前即开始筹划。长辈尽管阅历丰富，仍多方询问古礼。晚辈尽管工作繁忙，却不忘多次跟长辈讨论，彼此分工。最后，简化了古礼但有诚意，婚宴精致而且温馨，宾主尽欢。婚宴开支与礼金打平，预算控制适宜。

另一个家庭，仓促催嫁。女儿不想嫁，但妈妈赶鸭子上架。新郎新娘互不熟悉，妈妈想省钱又不想过于失礼，所以各种事一概求助亲戚，又常出自己的主意。所以婚礼像是赶戏，场面冷清，台上的新人表情一点也不欢喜。家里的哥哥不管事，照样维持自己的作息；妈妈也不以为意，从头到尾，好像哥哥在看戏。最后钱没少花，大家又不满意。

为什么女儿不愿意，妈妈仍有办法逼着她同意？

因为妈妈的性格强势，面对外人看似和气，但在家里常一意孤行。如果爸爸提出异议，最惨烈的结果，是妈妈会以死相逼，所以爸爸也无力对抗、争取。妈妈重男轻女，所以哥哥是家里的大老爷，也许在妈妈眼里，哥哥甚至比爸爸的地位还高一级。至于妹妹，从小就要听从妈妈的命令，即便在情绪上有困扰，也都是自己的问题。妈妈待人处事没有足够的能力，所以一直活在自己的世界中。

不同的家庭，各自看到不同的世界。到底家庭里的哪种信念才是真理,其实都不一定,要看是不是所有成员都同意,而且要看能不能放在所处的文化与社会中运行。

家家有本难念的经,家庭成员都会找出各种理由去解释,为什么家庭生活明明不如意,却还要长年不变地继续?这样的家庭,如果无法打破惯性,又找不到新的可能性,那么家人就像迷航的水手,疲惫地划着桨,却看不清幸福的方向。

家庭能复原

我认识一位朋友,他被我视为这辈子的知己,他最了解我,我也最懂他。我们共同认识的中学老师总爱说,她对这位朋友印象最深刻的事,就是他一边照顾家里的生意,一边在空闲的时候看书,在班上总考第一名。这位朋友从小在街头长大,流转生活在不同夜市,家贫困但人勤奋。后来这位朋友读书一路顺利,很少让人担心。原生家庭的家境也逐渐获得改善,虽然依旧不富裕,但家庭整体上已经算是走出困境,家人皆能过得衣食无虞。

家庭也会遭遇逆境,生老病死躲不掉,天灾人祸逃不了,大时代的巨轮滚动,家庭也只能随之颠簸前进。譬如2001年的日本福岛核灾,政府疏散了30万人左右,估计有15万人永远回不了家;"二战"期间,600万犹太人被杀害,受影响的家庭不可数计。

家庭可能经过无常的洗礼,但亦有其生命力。家庭可以在危机与创伤中修复、成长,并且磨炼得更坚强。在短暂的迷乱状态中,家庭能发挥其功能,相互协调、缓冲压力,成为让人安心停泊的安全港,让家庭成员的身心状态相对稳定。

不过，也有家庭在困境中煎熬，导致一个或一个以上的家人变得十分脆弱，家庭的整体功能也逐渐薄弱。比如家中有需要长期照顾的长辈，缠绵病榻，照顾者不但可能在多年后身心俱疲，也可能无法兼顾亲情和工作的要求，整个家庭经济陷入困境，吵闹不休。

假如，家庭的凝聚力可以提供归属感，家庭成员的个人价值都被尊重，并被赋予适当的正面期待；所有家人不把自己视为暂时困顿状况的受害者，而是认为只要通过自己的努力，便能够掌握自己的生活。那么，家庭在复原的过程中，下列现象便可能依次或同时出现：

- 家人可能早已树立好或者在面对挑战时形成并强化一些共同的价值观，如视危机为转机，家人同心、其利断金，把家人之间的信赖当成最大的财富等。这些价值观能促进家人之间的团结，使他们不互相怪罪，并认为未来的幸福可以期待，自然就会众志成城，早日脱离低潮与谷底。
- 家人可能已经习惯或者正在形成有效的沟通方式。不分年纪，倾听所有家人的声音，以可行性而非权威性作为行动的依据，家庭会议的结论涵盖多数人的看法，并且试行一段时间之后能有机会接受反馈与修正。

- 家人有尝试改变，并且尊重个别差异与独立的需求。

我认识一个有特殊儿童的家庭，在夫妻讨论之后，也参考了亲子互动的质量，决定由爸爸辞掉工作，在家带小孩进行治疗，妈妈继续工作养家。由于处在价值观较为保守的乡下，爸爸勇于跟亲人沟通，并正面迎向外人的质疑眼光。他将孩子的成长记录下来，清楚地呈现孩子的进步，常向社会分享自己帮助孩子的方法，鼓舞了许多类似的家庭。

最艰苦的日子，毫无疑问应该是全家一起度过。在不影响孩子学业的前提下，一家四口共同努力，在不同夜市经营小生意，碰到特殊节日，那更是十几个小时的长时间工作，然后轮班休息。长期勤奋工作，远离休闲的生活状态，除了培养出家人之间的亲密情感，还磨炼出孩子们不畏苦难的精神。我的朋友相当感激过去这段日子的磨炼，便他获得了一辈子受用不尽的资产。

所以在适当的压力下，一个家庭有可能越挫越勇，越走越坚强。当家庭不断累积成功经验的时候，受益的是家庭所有成员。

以情感为基础认同家庭

当两人或更多人共组家庭，就形成了一个团体。团体的人数越多，就越不会因个人因素去影响全局。当家庭以情感为基础，重精神而非物质，那么，外在环境即便容易变动，内在对家庭的认同感也没那么容易被动摇。

团队里的众人，如果人人都有机会对团队付出，人人都感觉自己对团队有价值，那么，这个团队的力量就相对强大。同理，如果家人都知道该对家庭做贡献，了解持家之不易，那么，家中的每个人就会慢慢懂得去珍惜家庭。

当然，家庭可能先天不足，例如没有好的经济条件，父母刚开始不知道如何跟孩子相处，孩子病弱……但是，摆脱家庭的不足与缺点，同增加家庭的潜力与优点，可以同步进行。经济没那么快好转，大家可以学习节约着生活；没有人天生会当父母，但是愿意花时间陪伴很重要；孩子固然身体病弱，但我们因此而懂得爱惜自己的身体，培养良好作息，均衡饮食，适量运动……

我帮助过一个家庭。单亲妈妈凭借资源回收的工作以及主动寻求福利单位的协助，在困苦的环境中，抚养三个孩子长大。孩子在学校有困难，功课跟不上，妈妈学习耐心教导孩子，在义工哥哥的辅导下，孩子的学习情况逐渐改善。

家庭像棵树，在家人的耐心浇灌下，孩子茁壮成长，又会回过头来保护家人。风吹雨打都正常，大树凭借其强韧的生命力，在寒风中挺立。家庭能复原，除了先天的资源，家人间的情感也是关键。

帮助我们改变的练习

每一个人都有家庭，在建立自己的家庭前，我们还有原生家庭。原生家庭的一切，不管我们喜不喜欢，它都给我们带来了或多或少的影响。

我们可以学习如何觉察自己的情绪，让原生家庭中负面的互动方式或形态不再延续下去，改写自己的人生剧本；或者，让正面的经验及从小养成的好习惯，成为我们生命中的珍贵资产，代代相传。

通过学习、观察或想象，我们拥有了对美好家庭的向往。为了绘好美好家庭的蓝图，我们带着从原生家庭中获得的成长、鼓励、正面或负面情绪，甚至是创伤，去建立属于自己的家庭。

我们中大部分人在生活中努力，经历快乐和痛苦，期待和失落，从中学习与家庭中每一个人的互动方式；然而，有些家庭，因为经济的困顿，或是角色的僵化，害怕打破现有的状态，只好让不健康的互动延续下去，形成恶性循环。

但是，如果我们足够敏感，能觉察到自己或其他家人在家庭关系中的不安与压力，希望能做些改变，应该怎么做呢？尤其在我们体会到"改变别人并不容易，不如改变自己比较容易些"的时候。

这时，不妨试试拜伦·凯蒂（Byron Katie）的方法，它或许可以帮助我们。拜伦·凯蒂是"功课"（The Work）的创始人，她认为与其怀抱希望，期待改变世界来迎合自己的想法，不如去质疑这些想法，并由此接受现实、拥抱现实，来体验并获得自由及喜悦。于是，凯蒂探索出一套简单但有力的方法，称为"功课"，她要我们去找出并质疑造成痛苦的思想和念头，找到令我们感到痛苦的原因，这样就能清楚地解决问题。

那，要如何做"功课"呢？它的基本流程是：评论—写下来—问四个问题—反转思考。在一份名为"评论你周遭的人"（*Judge-Your-Neighbor Worksheet*）的练习题中，我们可以通过问题来思考。它的指导语是：

> 请用简短、简单的句子，在下列空格处，填入一位你还没有百分之百原谅的人（不论他已死亡或仍在世）。不必忙着审视你自己，只需全然地去体验那愤怒和痛苦，好像那件事正在发生。借着这个机会，将你的评论写在纸上。

1. 谁让你感到（愤怒、悲哀、困惑、无奈、害怕、受伤……），是为了什么？

　　我对（人名）_____感到_____

　　因为_____

　　例如：我对我的奶奶感到生气，因为她不在乎我。

2. 你要他们如何改变？你要他们去做些什么？

　　我要（人名）_____去做_____

　　例如：我要奶奶仔细看看我，了解我的努力。

3. 什么是他们应该／不应该做、想或感觉的？你能给他什么忠告？

　　（人名）_____应该／不应该_____

　　_____

　　例如：奶奶应该多鼓励儿孙辈，不要只是批评。

4. 为了让你开心，他们需要为你做些什么？

　　我需要（人名）_____（去做）_____

　　例如：我要奶奶知道她的想法该改变了。

5. 你对他们的看法是什么？请列个清单。

　　（人名）_____是_____

例如：奶奶是重男轻女、脾气不好、有成见的人。

6. 你再也不想跟这个人经历什么事？
我再也不要＿＿＿＿＿＿＿＿＿＿＿＿＿＿＿＿＿＿＿

例如：我再也不要听到奶奶数落我的话。

回答完上面的问题后，接着，用下面的"四个提问"及"反转"来检视你在上述作业单上写的每一个句子。这检视并非是要去改变你的想法，而是借由自我询问的方式，进行深入的思考。例如：奶奶不在乎我。

1. 这是真的吗？
答案为"是"或"不是"。如果答案为后者，就直接跳到第三题作答。

2. 你能确定的"知道"，这是真的吗？

3. 当你相信那个想法时，你是如何反应的呢？发生了什么？
可以先试着用下列几个问句帮助思考：

① 那个想法让你感到平静、压力或是有任何其他的感觉吗？

② 当你相信那个想法时，你是如何对待自己和

其他人的？

③ 当你相信那个想法时，你的身体有什么反应？例如：手心盗汗、血压上升。

④ 在记忆中，第一次产生那个想法，是在何时、何地？

4. 当你没有那个想法时，你是怎样的人呢？

试着闭上眼睛沉思，当没有那个想法时，你会怎样？或会是什么样的人呢？

当我们已经用四个提问来检视我们书写的每个句子后，接下来就是反转你的想法。所以请将你的想法反转过来，尽可能以各种不同的方式，然后再将它们和原先的版本做比较，看看哪个更加真实？如果某个反转句对你没有意义，就以你想要的方式继续反转，直到找出让你感触最深的反转句，最后再找出可以说明它们是事实的三个理由。

每一个句子都可以反转到**"完全相反面""转向别人"**及**"转向自己"**这三个方向，举例来说，"奶奶不在乎我"，会反转成：

1. 奶奶在乎我（**完全相反面**）

2. 我不在乎奶奶（**转向别人**）

3. 我不在乎我（**转向自己**）

"反转"是通过别人对我们说的话或做的事，让我们发现自己都不了解的那个自己。

拜伦·凯蒂认为，通过反转，"我认为你是怎样的人，我就是怎样的人"，对方只不过是自己的投射罢了。与其改变周遭世界，倒不如把想法写下来做检视，再予以反转，然后或许就会发现，我眼中的那个你，其实就是我自己……

凯蒂为"反转"下了一个我认为很棒的注解，她说："把你为别人开的处方用在自己身上，'反转'就会是让你获得幸福的良药。"

或许你会认为上述方法实施起来好像有点困难，又有点多，但其实不管是什么方法，如果没有真的去操作、去尝试，都会很困难！只有"去做"，才有机会看到不同。

改变，从来就不是件容易的事情！现在的我们，或许无法改变过去已经发生在原生家庭中的一切，但我们可以试着改善可以做到的部分，从我们自己开始做起，一次调整一点点，慢慢改变，给自己鼓励；也试着用"反转"的眼光去看待自己和别人，以及在彼此间发生的事情。

面对关系中较难改善的部分，我们应该持续保持善意，调整彼此距离，就像和谐的双人舞，需避开踩踏对方的危险，才能跳出优美的舞姿。

*本练习参考书目为拜伦·凯蒂的《我需要你的爱，这是真的吗？》

第一章

给自己松绑

人常常用过去对自己的记忆来评判自己。然而,记忆这种事,实在不见得可靠,更不见得是"事实"。有些人,只记得自己失败的时候,却对自己的努力视而不见;有些人,只记得自己对他人的付出,他人对自己的付出则不在记忆的范围内。

过去当然重要,只是,我们不要因执着于过去,而忽略了未来的可能性。

情绪勒索

"你等我们找到新人接替再走,毕竟同事都对你还不错,你这样会造成他们的困扰!"这是朋友提过的一段话。

朋友的主管常常威胁下属,业绩不好就得走人。朋友既被剥削又要当主管的出气筒,只得另做职业生涯规划。偏偏真的下定决心要走的时候,主管就以同事之间感情还不错为由,引发朋友的罪恶感,让他愿意等到对单位最好的时机再离职。

都已经要走了,还搞得朋友好像有义务要对单位、对同事负责。朋友很清楚,主管一点也不在意他的心情与牺牲,只在意自己和单位的利益,所以很生气。就是因为主管的自私,朋友才舍得抛下同事之间的情谊,翻开人生的新一页。还好,自己的下一步已经很清楚了,时间与机会不等人。只是,他感觉到被情绪勒索,忿忿不平地说:"怎么会有这种人?"

其实,情绪勒索的状况,是很容易看到的。简单来说,情绪勒索者,所要求的是某种心理层面的东西,也许是亲密感、成就感或安全感,而这通常会让被勒索者感到压力与痛苦。

情绪勒索者很难被满足,且因为被勒索者很可能心不甘、情不愿,更是让勒索者不满,所以这种状况很难停止,会让被勒索者备受煎熬。被勒索者常可能被塑造为罪人,由于他没有持续对勒索者付出，就被认为是没尽到自己的责任或义务。

不过，一个巴掌拍不响，情绪勒索者与被勒索者，常成为一对组合。以我的朋友来说，他确实有些情感动摇，但在认清主管的意图以及确定自己未来的方向后，他没有成为被勒索者。主管的勒索可能多次有效，但朋友现在划下了清楚的界线，主管也无计可施。

职场中的关系也许有法律的明确规定，但在家庭中，就没办法那样一刀两断。曾有另外一位朋友说，如果不接受家人的要求，会不会被认为"不孝"？

"我以前没有机会，因为要工作养家。好不容易现在家庭状况稳定了，我给你们都安排好，你们多幸福，还不知足？"

"我老了，不中用了。我每天在家里煮饭做家务，不懂你的事业有多重要。不用管我，你就做你想做的事吧，反正我也活不了几年了！"

"我在外面工作很辛苦，回来看到家里一团糟，就觉得悲哀。我同事的孩子，成绩都很好，又会帮忙做家务，体贴懂事，我好羡慕他们！"

"我从小就没有爸爸，又被迫去你安排的私立学校上学，然后被霸凌，所以现在才这么惨。你就当没有我这个孩子，让我自生自灭吧！"

情绪勒索者，可以是任何角色，父母、丈夫、妻子、孩子、兄弟等。只是，通常在关系中的较强势者勒索起来所造成的影响力会比较大。

借用心理学家苏珊·佛沃博士的定义以及我自己的经验，最完整的情绪勒索，大致有下列几个阶段。

第一，勒索者提出要求。勒索者为了达到自己的目的，不容许被勒索者进行太多讨论或改变。

第二，被勒索者试图抵抗。被勒索者想要维持自我的完整性，用语言或肢体，表达自己的想法。

第三，勒索者继续施压。勒索者开始用各种手段，动之以情、晓之以理，让被勒索者产生负面情绪，如罪恶感或恐惧，以满足勒索者的需求。

第四，被勒索者妥协。被勒索者可能为了维持关系，或者暂时要避免不好的结果发生，只好不再坚持自己的想法，破坏自己的原则，牺牲自己的利益。

第五，负面循环。勒索者达到目的，被勒索者暂时解除压力，于是他们形成了一组配对，这让双方陷入负面的互动，又没办法逃脱。

为了家人，有时候牺牲一些，真的不算什么。中国传统文化里的"孝顺"，是要听从父母的意见进行婚配嫁娶，这被认为是理所当然的事。"父母在，不远游"，也影响着具有传统意识的中国人。

然而，家人如果常为了一己之私，不顾整体的利益，那就容易造成家人间的情绪勒索。最让人无所适从的是，有时勒索者自己也搞不清楚自己要什么，听街坊、朋友说什么，或者自己心念一转，就要其他家庭成员配合照着做。不管怎样，只坚持自己才是对的，如果家人有不同的意见，他就受不了。

有些勒索者非常蛮横，手段也过于激烈。如配偶不答应自己的要求，就自残、闹脾气，有时还会借酒装疯、自暴自弃，搞得整个家庭乌烟瘴气。这种勒索的方式，实在让人没办法接受。

最重要的是，勒索者与被勒索者双方，都很难得到长久的宁静。

"爱我，就照我的话做！"这是情绪勒索者心中常出现的独白。

心灵成长功课不能停

有些勒索者，因为不想对自己的情绪或需要负责，所以希望被勒索者能自动自发地满足自己的需求；也常用非常迂回或暗示的方式，表达自己的需要，要面子也要里子。如果被勒索者听不懂，或者没办法完全满足勒索者，勒索者还会不高兴。涉入这种关系，真的很累。

第一章　给自己松绑

"你决定就好！"有时勒索者会说出这句话，但千万别当真。因为，如果我们真的完全按照自己的想法去做，勒索者又会处处反对，最后还是要照勒索者的想法走，事情才能顺遂。如果作为家庭的旁观者，这种现象会看得特别清楚。

所以，勒索者常会说出自相矛盾的话："我不是反对你，只是，你这样做真的不好。你看，如果照我所说的做，不是皆大欢喜吗？"

通常，欢喜的，只是勒索者，被勒索者心中实在欢喜不起来。如果被勒索者明显表现出不高兴的情绪，勒索者还可能继续发动另一波攻势，想办法让被勒索者心服口服。被勒索者吃过闷亏，所以还要再配合演一场戏，好像心悦诚服，等忍到自己都受不了了再说。

被勒索者，因为不断屈服，自尊受到影响，会觉得自己软弱。因为常处在压力状态下，被勒索者可能出现身心疾患，且不知道该如何表达自己的情绪，特别是累积了许多愤怒，但却没有出口。

如果勒索者为我们的父母，要划清界限，确实可能会背上"不孝"之名。因为孝与不孝，主要是由父母设定的标准。

如何逃脱情绪勒索的纠缠，是不容易讲清楚、说明白的事。只能说，勒索者与被勒索者的心灵成长功课不能停，特别是有人身兼两职，把自己长期被对待的方式，再拿来对待他人。

认清自己的需要，懂得设立界限、抵抗压力，积极表达自己的意见及想法，才能在心灵上达到独立与依赖的平衡。

让我们学会自在地给出爱与得到爱。

家庭中的旁观者

"从以前到现在,我好像一直只是家庭的旁观者!"

这位男性同学跟我很少见面,但一见面就聊很久。他说自己是家庭的旁观者。他虽然如此自嘲,但以现在的家庭来说,他赚钱养家,怎么也有一份苦劳。

他在一个艰苦的家庭长大,父母离婚前,他就常照顾年纪还小的弟弟,还要当妈妈的垃圾桶,听妈妈所有的抱怨。妈妈没有照顾到的,如弟弟的教育、家务,他都要去帮忙,因为他知道妈妈的辛苦。父母离婚之后,他更是承担起长兄如父的责任,几乎忘了自己也只是个小孩。

跟妈妈最严重的一次冲突,是在他上高中的时候。

他发现,他越来越能理解爸爸为什么没办法跟妈妈相处了。妈妈非常情绪化,跟弟弟互动全看心情:心情好,就很宠弟弟,弟弟要钱就答应;心情不好,就对弟弟大声指责。管教的标准经常不一致,造成弟弟不知节制,明明家里经济状况不好,小小年纪的他却随意挥霍。先前哥哥帮家里节省下来的钱,最后都让弟弟拿去买成套小说、原版ＣＤ、品牌配件……

妈妈的情绪常能牵动弟弟的情绪，两个人的感情很亲，这一点当哥哥的没意见。但是，当妈妈坏情绪一来的时候，弟弟也会被骂得很惨。这一次，他受不了了，因为妈妈骂弟弟，实在没道理，根本是妈妈造成的错误，却全怪到弟弟身上。他带着怒气，大声地把前因后果讲出来，希望妈妈搞清楚状况。

没想到，妈妈开始大哭大叫，说白养了哥哥，说自己要去当尼姑……讲话全不往"理"字上走，一副恼羞成怒的模样，甚至威胁要告诉她的前夫，也就是我这位同学的爸爸。果然，没多久，不明就里的爸爸打电话来，不管我的同学怎么解释都不听，就是要他道歉。

"做小孩的，就是不能对父母提意见，不管是什么理由！"

同学在爸爸的威逼之下，忍着泪跟妈妈道歉，妈妈还教训他一番，说"以后别得理不饶人"。这下子，我的这位同学对他妈妈算是失望透顶了。

从那个时候开始，他就只做好自己的本分，也不管弟弟了，一心立志考上大学之后离家自立。果然，本来跟妈妈最亲的弟弟，在没有哥哥的协助与缓和之下，与妈妈的冲突更加剧烈了。

"你怎么都不关心家里的事？！"妈妈对我的同学说。

我的同学不置可否，继续过自己的生活。从那时候起，他就知道自己成了原生家庭里的旁观者。有时候，弟弟跟妈妈聊天聊得很开心，他从外面回来，也只是默默地回房间念书，好像他一直活在只有自己一个人的世界里一样。

他不是真的不关心，而是，作为旁观者之后，他更清楚妈妈以自己的情绪作为手段的伎俩。弟弟被搅在其中，看似跟妈妈亲近，但常常因此情绪焦躁，跟哥哥讲起话来也越来越不客气，更别提日渐频繁的母子冲突了。

"那像个黑色漩涡，我只能尽量避免自己被卷进去！"我的同学向我描述。

后来，他果然考上大学离家了，在大学里认识了现在的老婆。毕业后，他在当地找到工作、结婚，名正言顺地离开他的妈妈。弟弟也结了婚，因为弟媳的关系，故意在外面找房子住，也没跟妈妈住在一起。

这让妈妈非常生气，她打电话给我的同学，常常就是为了发泄她的不满，讲周遭亲友的坏话。同学也猜得到，妈妈大概在亲友面前，也会讲自己还有太太的坏话，所以，他总要找理由结束话题，减少情绪的涉入。

过去没解决的，常会带到现在重演

说实话，同学在找女朋友的时候，本来是要尽可能避免找像妈妈那样的女性。女友看起来文文静静的，偶尔发脾气，也不太过分，单纯、善良就是她的特点。我的同学很喜欢她，就这样走上红毯，想要携手共度一生。本来二人世界非常甜蜜，谁知，孩子出生之后，从某些方面来看，太太越来越像自己的妈妈，脾气越来越大，也常常无理取闹，甚至比自己的妈妈还严重，讲起话来就像在使唤下属一样。我的同学疲于奔命，态度逐渐冷淡，太太也更加不可理喻，好似在报复同学对她的冷落。

于是，同学又变成了旁观者。他这次的借口是工作，长时间在办公室工作，回家看太太与孩子互动，自己完完全全像个局外人。他常常躲进房里玩电脑，一边望着电脑屏幕，一边感慨。

"我只想知道，我要怎么管住我的孩子？"同学对我说。

这年头，当好妈妈不容易，要当好爸爸又何尝简单？话不能讲太重，最好别大声，平常没互动，却硬要管孩子，说教说得连自己都觉得乏味。

个人常会带着不少原生家庭的价值观与习惯到现在的家庭，其中有些是以前未解决的事。自己跟孩子的互动，也会产生不顺畅的现象。然而，大部分人都以为问题在孩子，期望简单学几个技巧，就可以重拾跟孩子的亲密。

其实,家庭是一个单位,亲子互动只是其中元素之一。上面这段原生家庭的历史,是因为我跟同学够熟,才拼凑还原出来的。历史一摊开,就看到困境重演的状况。

可是,一般的家长,根本不会想到是自己的问题,他只觉得,不知道为什么,照着专家的方法做,还是无效。他也搞不清,自己该用什么样的情绪跟孩子讲话。还有,自己在日常的生活中,该如何言传身教?因为孩子容易模仿。自己跟配偶的互动,其实也都呈现在孩子面前,这也会影响孩子的情绪与行为。只有在很少数的情况下,我才有机会通过家长一窥他们的原生家庭样貌。

家长最常说的话就是:"我控制不住自己的情绪!"

命令、不服从、打骂、后悔,这个循环,虽然常主要被亲子互动引发,但是里面涉及的常是陈年旧账。比如,我的同学跟他妈妈之间的关系,其实是结为同盟之后又拆伙的状况,累积了相当多的情绪在里面,我的同学很自然地选择离家,这样看起来纷争暂时平息,实际上过去没解决的问题,常常会带到现在的生活中重演。

同学以前不知道如何处理妈妈的情绪,现在则是不知道怎么面对太太的情绪,只学到用逃离让自己平静。而逃离,却让两位女性先后表现出更强烈的情绪,要引起同学的注意。此外,疏远太太的结果是让自己和孩子的生活少有交集,互动内容常只有训话，难有谈心。

让我觉得遗憾的是，原生家庭的现实，不是每位家长都愿意面对，或觉得有必要谈。所以，我也常常只能给予简单的建议，谈谈教养技巧、家长自己的情绪管理技巧，请家长看看书，有空搜集网上的相关信息。

如果是行动力够强的家长，或者是跟过去没太深纠缠的家长，大部分都会为了孩子而改变自己，对这样的人，简单的建议就够了。但是有些家长很需要另一个人来帮忙厘清头绪，在复杂的家庭结构里，或仍在自己的困扰中，没专业人员的帮忙，是不容易操作的。

幸好，现在网络很方便，相关书籍、主题的探讨也深入而广泛。有需要的人，可以借书籍自助，这也是一种方式。我也希望自己通过写文章和大家分享，贡献一些绵薄之力。

一辈子的朋友或仇人

跟一对姐弟谈出国游玩的经验,妈妈也兴奋地加入讨论。偶尔爸爸也会一起,整个家庭的互动,呈现在我眼前。

每个人各有不同感兴趣的主题,姐姐喜欢可爱的小狗与卡通人物,弟弟对不同汽车的造型很有印象,妈妈则对美景念念不忘,听说爸爸喜欢摄影,所以这次出游算是大丰收,照片整理了一个礼拜还整理不完。

我上课的时候,跟孩子们一起回顾了这次旅游的正面情绪,除了开心、快乐、兴奋之外,还有新奇、有趣、熟悉、怀旧、温馨、可爱、壮观……这些正面经验,每提取一次,就牢记一次。

正面经验打造坚强的地基

在一般家庭里面,难免会有不少负面经验,有很多解不开的结,有难以消除的怨怼。而让我们还心甘情愿地回到家庭里的力量,就是这些跟亲爱的家人共同度过的快乐的、温馨的、感动的、也许艰辛但凝聚力量的分分秒秒。

所以,课后我提醒妈妈,时间金钱都花了,要记得强化这次的经验。刚好姐姐上课时提到,过几天就是她的生日,我建议，借这个机会，拿几张有代表性与正面经验的照片，像我上课一样，跟孩子一起回顾，让孩子感觉到，虽然生活有些压力，但是都慢慢化解了，并懂得在生活中找乐趣。最后，让孩子明白，自己长大了，又更成熟了。这是我站在心理工作者的角度，去看待庆生的重要意义。

一个人长大了一岁，却没感觉到自己通过一年来的努力有任何成长，或者没有去用心体会，我想，这样的人，内心大概是空虚的。

人生有时会突来风雨，而曾有过的这些正面经验，就像有坚实地基的房舍，它帮我们阻挡风雨，让我们在它的保护下，思索如何继续生存。我们不能只注意到问题在哪里，我们同时也要蓄积能量，这能量便来自跨越困难而获得愉悦的成长轨迹。

如果做得到，我真的很希望一家人一起来上课，因为人际互动最初的训练都是从家庭互动开始的。以兄弟姐妹相处的经验来说，可以提升一般性的互动技巧，更懂得协商、沟通、妥协；从情感支持层面来说，兄弟姐妹可能是我们这辈子最长久的朋友。

曾经听过一位艺人因为跟姐姐的感情好，所以希望来世再做姐妹。但是下一次，她想当姐姐，希望换她来照顾对方。

然而，亲人变仇人，兄弟姐妹因为分家而闹上法院，甚至手足相残的新闻,也时有发生。兄弟姐妹本身的个性,父母的家庭经营,还有过于强调利益而没那么重视关系的家庭背景,对我来说,常是手足相残的原因。

有时候,丰厚的家产,反而是手足关系破裂的源头。和睦的关系,才是手足间的资产。

长期跟孩子们在一起,我自己很清楚,有些孩子的个性,如果没有长期调整,长大之后,很不容易与人相处。对照某些大人的个性,如常常以自我为中心、凡事负向解读、待人刻薄跋扈,这种脾性真的让人难以亲近。还有另外一种情况,比如有违法犯纪或是有重大不良习性的人,他们常造成庞大压力,其他兄弟姐妹就可能避之唯恐不及。

通过竞争得到的爱,缺乏安全感

我认识一个家庭,爸爸很爱赌博,不但不拿钱回家,还经常到处跟朋友借钱,当然也一直找各种理由跟家人要钱。爸爸和兄弟姐妹从不往来,连过年过节都不见面,后来才知道,爸爸也都向他们借了钱。之后听说,爸爸心脏病过世,爸爸的兄弟姐妹连葬礼都没参加。

如果父母常在兄弟姐妹之间做比较,例如,在校期间,比课业;出社会,比收入;有了家庭,比配偶、比孩子的成就。也许本来兄弟姐妹之间的感情也不见得多不好,但是当爸爸妈妈常常这么做,虽然是出自善意,但是在行为层面,跟挑拨兄弟姐妹之间的感情，只有一线之隔。

不只是表现较差的一方感到有压力；表现较优秀的那方，也会担心哪天自己被比下来，从而惶惶不安。通过比较或竞赛，优胜者才能得到爸爸妈妈的爱，这样的爱，实在令人没有安全感。

其实，爱比较的父母，常常在价值观上过于僵化。真的要比较，每个人都有很多特质可以比，能力、人际关系、个性……每个人都有各自的优点，只要当父母的愿意发现。

另一个家庭，经营家族企业，兄弟姐妹之间，各有"绩效"之别。在这种家庭长大，本来关系就很不简单，除了同胞之情，利益导向更是明显。果然，上一代生了重病，都还没入土，兄弟姐妹之间就开始争着分家产了。因为过程不是很愉快，兄弟姐妹之间还分成几个小圈子，进行合纵连横。也不知道是不是因为情绪压力太大，一上了年纪，他们各自都出现了身心疾病。

我衷心期待我眼前的这对姐弟，能懂得"利益不长久，但良好关系会让人愉悦很久"的道理。

我也期待这对姐弟的父母能够知道"让兄弟姐妹之间感情凝聚，家庭会更和乐，父母也会更轻松"的道理。祝福他们！

家庭中的扭曲与误解

跟家庭成员在一起工作的时候,我常会注意到一个现象:由于长久的认识,我们对自己了解家庭成员的程度,有着过度自信的错觉。

"你就是……""不要再说了,你只会……""你是觉得在一起这么久了,没有感觉了是吗……""你这种做法,跟某某有什么两样?"

这不只是单纯的沟通技巧问题,还有过度以自我为中心的解读,任意将对方的话做过度延伸,有些人只想听自己想听的话,带着目的曲解对方的话……这实在让人气馁又不得不面对。

先生可能误会太太觉得他没能力,太太怀疑先生说她不会带小孩、理家务,小孩则可能认为爸爸妈妈偏心……我们的误解,常有方向性,例如跟我们没解决的情绪问题,或者最近关心的事件有关。

只听某一方说话,跟同时听双方说话,差异真的非常大。我有一次进入校园处理霸凌事件,听亲人、老师、学生三方的说法，完全是各说各话。没有当场看到各方一起互动，就很难拼出事件的全貌。把每一方的话各自听过一遍，还是有可能搞不清楚状况。

感知能力相差太大的双方，就算是同时在我面前对质，也会公婆皆有理，有理说不清。所以，我绝对能体会，有些人真的不适合沟通。万一这个不善于沟通的对象，掌握了家庭中的大部分资源，那这个家庭的其他成员，就会过得很辛苦。

提升沟通技巧能让双方的认知接近

此外，沟通也要看彼此的个性，有些人讲话很到位，会有各种假设的状况，场面控制得很精准。但有人就是粗线条，听个大概、抓个方向就去做，结果往往达不到另一方的期待。

有些人讲话看心情，心情不好，讲法就改变。有些人不敢为自己负责任，自己说的话，一出现问题，就赶紧撇清责任。有些人的记忆力很差，有些人的专注力不佳，有些人常词不达意，还有些人就是习惯性地言行不一，双重标准，严以律人、宽以待己，跟这些人沟通就是要降低期待，避免受伤害。

另外，沟通也看互动双方的权力、角色及分工。有些人只是动嘴巴，但有些人就要去执行，比如老板对员工。那么，只动嘴巴的人容易把事情想得很简单，过于理想化，真正做事的人就很容易面临接踵而来的要求与批评。

有些人的要求除了清楚的指令，还有便条纸的提醒与辅助。有些人则是懒得讲，要对方自己"揣摩上意"，还要任劳任怨。

有些状况下，当事人要先追求自我成长，否则再怎么沟通也难顺其意。有些状况下，当事人提升沟通技巧，能让双方的认知接近，但通常要多花一些时间。我有如下三条建议。

第一，请执行者复述，听听他的意见。

做事的人，会有其习惯性的方法以及个人的偏好。对于有些事，做起来很起劲，便会追求精益求精；另外一些事，做起来意兴阑珊，则会能拖就拖，能减半就不想做完。

我们都清楚，发号施令的人，不能自己讲完了，就理所当然地认为做事的人会照着做。请执行者发表意见，除了说明他"该"怎么做，还有他"想"怎么做，如何克服过程中会遇到的困难，等等，这些都是讨论的范围。这个部分花越多心思，就越能拉近双方的距离。

第二，厘清双方的沟通风格。

每个原生家庭的训练不同，有些人讲话只是客气、礼貌，但有些人则是直白、简约。如："你要不要把垃圾拿去倒掉？"虽然是疑问句，但有些人是当成肯定句在使用的。

一般的状况下，如果确实是肯定句的意思，那就用肯定句去表达，以避免误会。可是，如果积习难改，暂时还是要对方充分理解与包容，才能良好相处，毕竟渐进式地改进，常需要花上一段时间。

有些人习惯边思考边讲话，所以常自己讲完还会修正，那就要给他足够的时间，听他讲完。不过，一般来说，我们鼓励先想好要说什么，再把话说出口比较好。

有些人常想分享情绪，有些人则只想保持理性。在这点上，男女大不同，都要对方成为完美模范，那是强求。

有些人一讲起话来，就长篇大论，没有重点，逻辑也前后不一。这时候另一方就要学习做摘要，进行讨论，而讨论的共识，最好写下来，以免口说无凭，往后徒增困扰。虽然是家人，一般都以为不需要这么麻烦，可是有人就是连自己想要什么都搞不清楚，如果有文字提醒或作为证明，时时查看，可以让大家少浪费些时间。

我就遇到过某个耍赖成性的人，他的家庭成员跟他互动，常要使用 E-mail、"脸书"或 Line 来帮忙，而且尽可能避免当面谈或电话讨论。没有人想这么累，但不这样做，他事后又反悔，大家也拿他没办法。

说实在话，有些人真的很不会说话，有可能是表达不完整，也有可能是用词不当，常引起他人的负面情绪反应。用文字来沟通，真的可以多少弥补说话的不足。

第三，理解对方的角色。

先生常不能谅解太太，觉得太太小气、爱计较。但是太太如果是家中的"财政部长"，那么柴、米、油、盐、酱、醋、茶，样样都要算得精。先生要借钱给朋友周转，或者有大笔的非必要开销，一般太太都会考虑再三。

用钱这件事，常是家庭冲突的重点事件。有些原生家庭习惯储蓄，有些原生家庭则重视生活质量，这本来就需要沟通，如果刚好又加上角色的问题，喜欢储蓄的太太（如果是太太管财务）跟重视生活质量的先生，婚前、婚后花在金钱问题上的沟通时间就不能少，因为家庭成员常因对待金钱的观点不同，而伤害到彼此关系的基础。

教养小孩的价值观，又是另外一件常发生分歧的事情。如果多数时间是太太负责孩子的教育，那么，即使先生观念不同，也该事先沟通好，避免扯后腿的状况发生。父母的教育方法不一致，常造成孩子的情绪不稳定。

还有，对原生家庭的态度不同，也常常造成现在家庭的冲突。有些人是独生子女，有些人兄弟姐妹众多；有些人是外籍配偶，有些人是本地婚姻；有些人难得见家人一面，有些人可以天天见面。对原生家庭的依恋程度，每个人各有不同，不是说切割就能切割的。接纳、包容及尊重，是化解这种差异的不二法门。

有人常把工作的角色带回家，以命令句为主去互动，任谁都会觉得压力很大。有人面临即将失业或已经失业的困境，讨论相关的敏感话题，一不小心就会伤人自尊。

有时先生是家中的支柱，但人年纪大了，身体会出状况，有时会力不从心；孩子年纪小，正在发育，又有点调皮；太太希望家庭稳定、大家健康，又可能因主管家中饮食，所以会比较啰唆一点，这都无可厚非。

其实，如果只有"爱"，是不足以化解一切的。因为人有千百种，经过训练的爱、成长后的爱，会好一些，但也不见得无敌。沟通这种事，我们只能尽力而为，抱持着一定能沟通成功的想法，一定能有所改善！

我不喜欢带小孩

"那件事的记忆,真的很痛,很痛!"

这是我第一次听到年轻人这样说出来。旁边的家长也说,这是第一次听他这样说。好,说出来也好,别憋着,至少有人一起承担,我可以跟他一起讨论。

对某些大人(特别是男性)来说,发牢骚,那是无益国计民生的事,不需要太重视。可是,对某些人来说,就算怎么努力,他的处境也很难有明显的改变,那么,发牢骚,就是他表现出来的情绪,是一种必然产生的结果。

特别是这个年轻人,这一年来,他才刚学会"好好发牢骚",学会这种一般人认为理所当然的行为。

我想到我认识的一位妈妈,她有一堆牢骚,没什么人要听,也没什么人想听。这是一位不喜欢小孩,也不喜欢带小孩的妈妈。

让我们把话题岔开一下,有些女生,其实在婚前打定主意不生小孩,也跟先生讲好,才走入婚姻。但是,成家后,在婆家的压力下,在看到先生看着其他孩子的眼光之后,勉强改变了自己,或者,因为单纯的意外,而承担了妈妈的角色。

结果有两种。

一种是没想到自己真的很喜欢当妈妈,觉得孩子的诞生让自己的生命完整了——"我从来不知道,我可以爱一个人爱得这么深",这是某位妈妈的说法。

另一种,就是我们要谈的这种,当了妈妈以后,发现自己果然不喜欢小孩,也不喜欢带小孩。只是,这份重担,要延续将近二十年,才能有机会阶段性地卸下。

这位妈妈说,带小孩也不完全是种折磨,至少孩子的笑容可以稍稍弥补一些寂寞。对,就是寂寞,产后的忧郁情绪一直没有消失。生完孩子之后,先生总是忙,自己的世界瞬间缩小很多,小到好像只剩孩子跟自己。

不喜欢婆家,跟娘家也没那么亲,交友圈、姐妹淘好像是很遥远的名词。有了孩子后,自己好像经常在忙碌,孩子生病的时候最惨,一病就是一两个礼拜,自己也常常沦陷,变成病人照顾病人。牢骚,算了吧,讲了先生嫌烦,自讨没趣。

寂寞、孤单、封闭、忧郁……好像快要抓狂,好想找人说说话。会有人想要跟她说话吗?她看着镜子里的自己,素颜乱发,一副黄脸婆模样,连自己都不喜欢自己。

我想到一位很有影响力的人,她也是妈妈,她说的话,很多人听。她说,女人要有自己的时间,也要经常打扮得漂漂亮亮,要有自己的社交生活。我跟她聊过天,我想,如果这位妈妈也像她一样,能有外佣阿姨帮忙带小孩,老人也常过来看小孩，那找到自己的时间这件事，就容易多了。

我，当时是一位年轻的男性临床心理师，就这样成为这位妈妈少数的说话对象之一。话题常常扯到她自己，我常常礼貌性地听一听，又想拉回到孩子身上。我们的谈话常在这样的拉扯中缓步前进，我认为我应当全心放在孩子身上，如此便能帮助到这位妈妈。

事实上，我当时不是那位妈妈的好听众。我当时经验浅薄，怎么可能明白那种找不到浮木的害怕与悲哀，我完全被那种"全天下的妈妈都喜欢小孩"的说法困住。我的视角不够宏观，也没有看清楚，原来，帮不到妈妈，就很难帮到小孩！

态度是活出意义的按钮

我犯了错误，视这位妈妈谈她自己为离题（尽管常常谈到超出了时间），这位妈妈只好憋着关于自己的话，配合着我，要把孩子谈清楚。我没办法解决她的问题，常请她针对自己的问题去另找人做咨询。只是，孩子该放哪里？如果有人可以长期固定地让她喘口气，她也不会那么憔悴、失意。

最后，我解决不了这位妈妈的问题，她对孩子也使不上力。

但是，这无力与无奈，就只能这样延续了吗？我认为不是的。

我跟发牢骚的年轻人说:"态度很重要,那几乎是我们唯一能决定的部分!"

当我跟许多人一起面对他们的苦难,还有我自己的苦难时,我就越来越清楚态度的重要性,甚至,态度要比最后的结果还要重要。不管我们的出生背景、教育程度怎样,不管过去是成功还是失败,不管别人怎么评判我们,态度这种无形无影的东西,是我们手中活出意义的按钮。

当我们选择按下按钮,用努力与不放弃的态度面对事物,用保护自己同时与人为善的态度面对家人和朋友,那么,态度可以帮我们建立一段关系、建设一个家庭,甚至营造一个社区。

不管我们前一刻做了多么让自己后悔的事,从这一刻开始,依然可以选择归零,重新开始。有些人就是会用某些方式跟我们互动,该来的我们常常躲不掉。我们人生中大大小小的事,有一半是他人与环境加之于己的,另外一半则在于我们如何回应。我们回应的方式,便是一种宣告。我们或许陷入困境,但我们清楚,行动是改变的唯一出路。

我问年轻人:"经历了这些事,你难道不想停止上学吗?"
年轻人说:"为什么要停止?我还有我的朋友……"

或许,我们把家庭、学校、公司……视为我们的牢笼,但

第一章 给自己松绑

换个角度,它也是我们的安身之所。孩子会长大,环境会变化,我们则能够通过努力,越变越坚强。

不少家长给我留言,有类似"回首来时路,我已经走过那段痛苦的日子"的话。对啊,困境会过去的,每一天都是一个台阶,每个台阶踏稳,终究会走出迷雾。

我知道,我现在仍然不见得有能力帮助那一位牢骚满腹的妈妈。因为形势比人强,她所处的环境恶劣,不是她一个人努力就能扭转乾坤的。可是,我想告诉她,别放弃自己,咬牙走下去,适度休息不是罪恶,接纳自己就是少数不喜欢带小孩的妈妈,允许自己哭,但态度要把持住,过多的罪恶感不会让任何人受益。

加油,选择好态度,让它带着自己走下去!

别太早对自己的人生下结论

我有一个认识很久的朋友,高龄得子,典型的"母老子幼"。她跟着孩子追星追"星光少女",孩子把每个人物记住了,她还记不住;体力也差,最怕跟孩子到外面玩,孩子的精力还非常饱满呢,她已经累得喊回家。

她常自嘲,自己有"高龄妇女教养综合征"。

以前,我还说这位朋友不适合带孩子,现在想想,是我自己把话说得太满了。她常做负面思考,爱抱怨,压力大一点就想放手。情绪一来,难听的话就停不下来。我曾经劝她很多次,她常说的那些口头禅,实在不适合在孩子面前说。

简单来说,不利于人际关系的举动,也常常不利于亲子关系。

没想到,真的有了孩子,母爱的潜力无穷,在孩子面前,她硬生生改掉自己的习惯,很多到嘴边的话,都吞了下去。

刚开始,孩子的某些行为,像翻白眼、发脾气之类,让她控制不住情绪,还会跟孩子冷战。我启发她,好好检视自己的思想,面对孩子的举动,她的想法是什么。

"翻白眼真的让我很受不了,我想她真的是很没有礼貌,我这个人最重视礼貌,我们小时候在父母面前,哪敢

第一章　给自己松绑

这样……"

我这个朋友的习惯又出现了，情绪一来，话就停不下来。这时候，我要帮她做摘要，让她的思路可以因为我的引导而清晰一些。

"所以，我们可不可以这样说，她翻白眼，你觉得她对你不礼貌，这是很没有礼貌的行为。"

"对！大致是这样！"

当一个人因为外在事件而有比较强烈的情绪时，我们常能从其中找到自己。因为我们通常对一件事有情绪，是因为我们在意，感觉到这件事跟自己有关。如果是跟自己不太相关的事，引不起共鸣，情绪自然少一些。

"她对你不礼貌，表示她_____你，请你试着填空。"

"她对我不礼貌，表示她不尊重我，否定我对她的付出。"

一个人说话，特别是说情绪色彩较重的话时，话中常有深意。如果我们只听一个人说的话的表面意思，又要用谈话来解决问题，那双方都容易陷入迷宫里，看不清又走不出来。所以，对心理咨询师来说，懂得听，真的比懂得说更关键。

一个人心里最深处的话，常会引发更深的情绪。如果旁人能帮忙把情绪理清，可以帮助他稍稍卸下情绪的负担，让他自己有能力去验证自己的想法。

"她不尊重你，否定你对她的付出，除了让你生气，还让你觉得_____。请你试着填空。"

"让我觉得很沮丧、很无奈、很没有价值……"

通常，这回答里头会有很多原生家庭的故事，或者现在的生活压力。比如，她小时候虽然不断努力，可父母总是偏爱弟弟，她花很多时间也不能像弟弟一样轻易讨得父母欢心。又比如，她做了很多事情，也得不到婆家的肯定，之前因为不孕的问题伤透了脑筋，来自长辈的压力又很大，先生也不是不体贴，只是这种事带来的压力，男人很难完全感受到……

这些事情，实在不适合朋友之间聊天说。所以我请朋友务必记得，回家写写日记，把这些事对自己讲清楚。有时候，我们太早对自己下定论了，人生这件事，总是有机会重新诠释的。

别太早对自己的人生下定论！

如果是自己的错，别急着回应

有时候，一个沉浸在情绪里面的人，真的需要另外一个人帮他一起看清楚自己。

第一章　给自己松绑

"你觉得，你的孩子，真的不尊重你，真的否定你的付出吗？"

"应该没有，至少没那么严重。"

"你觉得她知道这样的行为不礼貌吗？她心里想的，跟你心里想的一样吗？"

"她应该只是自然反应吧，她连翻白眼是什么都不知道。她也不见得是不尊重我，只是想要表达她的不满，她上次还说'最爱妈妈了'。我一累就会这样，什么都往最坏的地方想，有时候不是很理性……"

我常常觉得，我像一个教练，训练人如何思考，让人能更清楚地了解自己，过自己想过的生活。当一个人重新检视并开始修正自己的想法之后，可以再重述一遍更接近事实的对话。

"你能不能重新简单叙述一遍我们讨论的结果，当她＿＿＿＿＿＿，我认为＿＿＿＿＿＿，我感觉＿＿＿＿＿＿＿＿＿。请你试着填空。"

"当她对我翻白眼、发脾气的时候，我认为她只是在表达自己的不满，并不是在否定我的付出，我感觉心情受到一些影响，但没那么糟。"

我跟她都认为这样比较接近事实。这种比较接近事实的对话虽然不会马上让自己从伤心生气转为快乐愉悦，但是情绪的强度小了一些，使人更平静。

当新的想法形成之后，就可以讨论新的行为。以这位朋友的例子来说，很多事她也有错。说实在话，这位朋友常常忘东忘西，年纪大了，也不能不服老。比如出门忘了关灯、关空调，食物常放到过期，自己说过的话很快就忘记，孩子纠正她说，"你已经说过了"，她还硬说没有，我刚好听到，跳出来帮孩子作证，她还不高兴……

像她这样，怎么可能不被旁边的人抱怨？孩子也抱怨，先生也抱怨。她总不能一被抱怨，一被纠正，就又要用负面思考折磨自己吧？我跟她谈，教她以后怎么做。

如果是自己的错，别急着回应，先轻轻吸一口气，克服自己的羞愧，直接认错："对不起！妈妈搞错了！""对不起！妈妈又忘了！"……然后，想个解决问题的办法，比如跟孩子说，"你的记忆力比妈妈好，以后小声跟妈妈说，提醒妈妈，妈妈会很感谢你"。

如果确实是孩子的行为需要调整，那就**先理解孩子**，"你刚刚很生气，因为妈妈没有让你去玩抓娃娃机"，**接着说自己的感觉**，"你那么大声说话，我也会觉得生气"，**然后，用好的语气示范说一遍**，"你可以这么说，'妈妈，我不能玩抓娃娃机，

第一章　给自己松绑

所以很生气'",**最后,重申原则,并转移注意力**,"妈妈说过,如果已经买玩具了,就不能再玩抓娃娃机了。我们可以等到下次出来再玩,这次先回家玩玩具"。

像这样的练习,我以前当学生的时候,进行了两年。遇到大大小小的事,我都用这样的原则整理一遍,记录自己的思考与情绪,学习有效的回应方式,直到内部消化为止。我也建议朋友这样做,这是自我成长的方式之一。

不在孩子会误会的时候笑

母爱无敌,自己本来好像没那么坚强,但是为了孩子,那真是勇者无惧。自己以前不敢深入的过去,都重新翻了一遍,以前的照片、日记、书信,都拿出来看过,一件又一件,好像上了瘾一样。

朋友说,她觉得这么做了一段时间之后,心情真的平静多了。她也体会到,有时候,同样一句话,在不同的情绪状态下对孩子讲,孩子会有不同的反应。当自己比较平静的时候,比较容易把话讲到孩子心里,也不易引发孩子的情绪。

我恭喜她取得进展,她又问了我一个问题:"为什么孩子最近经常会问我,我是不是在笑她?她对这件事很敏感。"

我跟她解释,孩子有一阵子是会这样的。她的情绪进阶了,会有羞愧的感受,也开始发展感知他人内心状态的能力。

我们通常会对此有很多解释，比如"我不是在笑你，我只是觉得你很可爱"。

可孩子就是觉得我们在笑话他，他可能还是没办法减少他的不适。如果这样解释一两次孩子还是常有敏感的反应，我们可以收敛笑容，尽量不在孩子会误会的时候笑。

朋友好像听进去了，但是似乎没多久她又忘了。结果，孩子问了个有趣的问题，朋友又笑了。

"你不要笑我，我不喜欢你笑我！"孩子说。

接下来，几乎一字不差，朋友不自觉地说："我不是在笑你，我只是觉得你很可爱。"

我小声地对朋友说："收敛自己的笑容。"

朋友不高兴地说："为什么不能笑？这是人性，人就是会笑。"

我不作声，朋友发泄完之后，自己抿一下嘴，对我笑着说："我还是回家再多做些功课好了。"

给自己松绑

"每个家庭都有一个失败者!"朋友这样说。

朋友套用了电影里的话,无疑,他觉得自己就是那个失败者,跟整个家庭格格不入。他是家里学历最低的那个;从学校毕业后,没有稳定收入的那个;年纪一大把,还不知道自己将来要做什么的那个;一直跟家里伸手要钱,要常看老妈脸色的那个……

他每隔一阵子就会陷入抑郁。他以悲观闻名于朋友之间,"黑暗之子"就是他的昵称。所以,他也是家里面,喝酒喝得最多的那个……

原生家庭常常是自我概念形成的重要来源,而且对自己的认知一旦形成,要花许多时间才能解套。其实他的能力虽不是很强,但也并不很差,普普通通,可偏偏他个性好强,常希望得到他人的注意与肯定,他要的不是普通、平凡,他要的是优秀、卓越。他的哥哥姐姐在课业上都比他优秀,曾经教过他哥哥姐姐的学校老师,看到他,都会摇摇头说:"你的哥哥姐姐这么优秀,你怎么会这样?"

他的注意力不佳，枯燥无聊的事物引不起他的兴趣，生活习惯散漫，做事冲动没计划，大家都看不下去。连老幺的优势，比如被特别宠爱的特权，都被他自己消磨光了。

唯有他自己有兴趣的事物，他才会集中精神。偏偏，任何事物，再怎么有趣，也会有相对枯燥的部分，所以他常是五分钟热度，没办法持续。

"该怎么办？"他妈妈问我。

行为不会永恒不变

这第一步，就不容易办。他似乎从小就有注意力无法集中的多动症，需要请医师进行诊断。可是，以他的年纪，通常初诊比较适合去成人精神科，这层心理关卡要过，可对一个成年人来说，非常不容易。其实，如果他想去外面私人办的儿童心理诊所也可以，只是，这都要他自己愿意才行。

不管有没有进行诊断，他都有很大的可能会不高兴。如果去诊断了，就可能说医师骗人，我常听到的说法，是说医生都用这种方式赚钱，因为不做诊断，就没有病人，没有病人，就没有钱赚；可是如果不去诊断，他就会怪妈妈，干吗听我的意见，明明自己没问题……反正，这件事，从头到尾，就是吃力不讨好。

第二步，如果有诊断结果，那可能还要依医嘱服药。对于注意力无法集中的多动症患者，是不是需要服药，上网查询，

第一章 给自己松绑

会发现是有不少争议的。朋友如果自己上网,便会有非常困惑的情绪,但还是要他自己决定要不要服药。

"至少,还没看医生以前,请他多运动吧。多运动对注意力有帮助,对健康也好。"我只能这么说。

他妈妈马上说:"运动?他每天能按时起床,我就偷笑了!他懒成这样,连散步都做不到。"

这其实是我非常常见的困扰,我常有的建议就两样:运动跟写日记。但是,大部分的人,都希望只靠谈一谈,花一点点时间,就能够改善。如果之前没有运动习惯,通常没几个人愿意去做运动,也没多少人真正想写日记。

连比较简单的有益身心健康的习惯都不愿养成,又怎么可能挑战更高难度的改变——调整个性?

不过,既然都来了,还是要请他来聊一聊。我先简单说明刚刚我跟老妈妈之间的对话,再跟朋友聊。

"失败者?是永远都不会改变、做什么事都失败的意思吗?"我这么问。

朋友有气无力地说:"大概是吧!"

"你觉得你是失败者,有没有例外?有没有做过成功的事?一点点成功都算!"

"嗯……"

朋友半天答不出来，整个人看起来好像还没睡醒的样子，感觉能量都被抽光了。事实上，处在这种没能量的状态下，思辨能力也会跟着下降，回答不出比较难的问题。有时候，运动能稍微提升一个人的能量，但是一个人没能量，会连运动都有困难，两者常互为因果。

我试图让朋友把"对自我的评价"和"行为"脱钩。我常这样说，自认为聪明的人，也会偶尔做出愚笨的事；自认为愚笨的人，也会偶尔说出聪明的话。

当我们把"对自我的评价"，当成一个标签，把自己的"行为"看成标签的证明，改变就更困难。我们得了解，一个人如何被评价，依据的是他的行为，但行为不会永恒不变。以朋友的例子来说，他自认为是失败者，便会常常看不到自己偶尔的小成就。如果我们聚焦在行为上，我们会更有力量一点一点地改变。

不轻易评判自己与他人

妈妈在一旁忍不住了，开始补充说，朋友愿意服务，特别是家庭聚会的时候，可以维持"有事弟子服其劳"的形象。他也喜欢涂鸦、画画，虽然贴到网络上之后，没什么回应，但妈

第一章　给自己松绑

妈却"硬是"要鼓励，这个鼓励却引不起朋友的正面情绪。妈妈一头热，但朋友很冷淡。

如果我的直觉没错，其实，妈妈也觉得朋友是失败者，只是爱子心切，在孩子面前，妈妈尽可能去鼓励，但是鼓励的方式过于浮夸，连朋友自己都不信，甚至感觉到空虚。妈妈说不定比朋友更没有办法接受他是失败者这个事实，甚至，把朋友的失败归于她自己的教养失败。

讲得再深一点，说不定，妈妈本身就比较爱评价别人，什么人都要给贴个标签，成功的、失败的、听话的、叛逆的……用这种过度简单的方式看人。但是就算被看成"听话的"人，可能偶尔也想有自己的想法，想尝试新的行为，想离经叛道一下。

如果我们没办法聚焦在"行为"层次，没办法从小的行为开始累积，聚沙成塔，那就没办法给自己松绑。我们要想一想，过去二十年养成的对自己的看法，难道未来的二十年、三十年、四十年、五十年，都没办法改变吗？

过度简单地看人，那是看轻了一个人的潜力。所以，我不轻易评价人，包括自己，因为我相信行为改变的可能性，并不断地在自己与他人身上印证。

人常常以自己过去的记忆来评判自己。然而，记忆这种事，不一定可靠，更不见得是"事实"。有些人，只记得自己失败的时候，对自己的努力视而不见；有些人，只记得自己对他人的付出，他人对自己的付出则不在记忆的范围内。我们常常只记得比较特别的事、带着情绪色彩的事，至于每天出现的事，反而有可能因为理所当然而容易被遗忘。

　　过去当然重要，只是，我们不应因执着于过去，而忽略了未来的可能性。

没有安全感的大人

有位老师，在大学时期学了各种教育理论，对婴幼儿及儿童发展很有兴趣，平常除了教学之外，自己还去进修，希望能多帮一些孩子和家长。但是，她唯独帮不上忙的，是自己的妈妈和外甥。

她说，自己的妈妈很早就和爸爸离婚了，所以她从小就和爸爸不亲，家里的气氛也很差，只要爸爸回来看她们姐妹，妈妈就会用言语辱骂爸爸，甚至要她和妹妹不要理爸爸，也不要和他说话。

她回忆过往，当时年纪小，只觉得妈妈生气时好可怕，虽然她也很想念爸爸，但是碍于妈妈的缘故，就是不敢靠近，久而久之，爸爸大概因为一直受挫，慢慢地，也不来看她们了。

父爱，因为大人之间的恩怨，从小就被迫中断了。

在她的印象中，妈妈常常在她们姐妹面前数落爸爸的不是，说他不会赚钱，不知道养家，连家务都不会做，一天到晚只会躲在房间里，还说自己是多么辛苦将她们姐妹拉扯大，要她们以后要好好孝顺妈妈。

她说自己知道妈妈的苦，但也许是因为这样从小耳濡目染，她的恋爱都谈得小心翼翼，几任男友都遭到母亲的反对，恋情都无疾而终；妹妹和自己的个性不同，虽然在妈妈的教育下，对男人也不太信任，但个性较独立自主，有自己的恋爱观，后来也结了婚，生了孩子。可是好景不长，因为一些缘故，妹妹离了婚，带着孩子搬回家住。

她说，妹妹的婚姻触礁，似乎引爆了妈妈心里对爸爸或者说是对男人放不下的仇恨，她的情绪越发难以控制，只要提到妹夫就常常暴怒，身体状况也越来越差，还有抑郁症的倾向。

最让她担心而且也不知道该怎么处理的，是她无意间发现自己的妈妈常在外甥面前说他爸爸的坏话。诸如：你爸爸是坏人，我越看他越讨厌；或是，如果以后你爸爸欺负我们，你要保护我们喔。

她说自己对于妹妹和妹夫的感情没有太多想法，因为她觉得感情是个人隐私，只有身在其中的人最了解，即使亲如姐妹，她也很少窥探妹妹的隐私，妹妹不想讲，自己也不多问。

但是，自己的妈妈就不一样了，她每天和孙子相处，虽然孩子的爸爸会固定来带他出去玩，但外甥大部分时间都和外婆、妈妈在一起，朝夕相处，在情绪上也深深地被大人牵动着，尤其是被外婆牵动着。

她会如此忧心，是因为自己是学教育的，知道言传身教的影响力和重要性，再加上那次不小心听到自己妈妈对着外甥说的那些话，有种想拉外孙结为同盟的感觉，她就更害怕这孩子未来的心理发展了。

她曾私下劝过自己妈妈，也提醒过妹妹要注意孩子的情绪发展，但是都没有效果。她知道自己无力改变现状，又舍不得外甥小小年纪就要承受大人之间的情绪勒索，还要被迫选择站队，心里就很纠结。

一边是自己的妈妈，一边是自己的外甥，她不知道该怎么办。她苦笑着问我，如果她只是一个老师的角色，不是孩子的姨妈，不是妈妈的女儿，事情会不会单纯一点，会不会好处理一些？

学习在孩子面前克制负面情绪的发泄

这个问题，我也无解，但我很佩服她，她想帮自己妈妈，也想帮外甥。只是，随着人生经验的增长，我们越来越知道，有时候，旁人只能尽心，无法做到完美，即使我们早已预见可能的状况。

孩子的未来势必辛苦，这是肯定的。原生家庭带来的影响，从外婆自身那一代，延伸到下一代，心结解不开，受苦的不仅仅是外婆自己，还影响到她们姐妹的爱情观、情绪发展等，然后再继续影响到孙辈。

三代人在情绪的漩涡里绕啊绕，绕不出去，情绪的角力一代接着一代传承下去，如果有人想改变，但是方法不对，就有如身陷流沙里，越是挣扎，下沉得越快，静止不动，反而有可能保持平衡的状态。只是，这种平衡，并不健康，而是像鸵鸟把头埋进沙子一样，只能让自己暂时心安而已。

外婆想拉外孙结盟，可能是因为自己长期在感情里得不到安全感，外孙还小，在情感上也相对好控制，外婆在外孙这边找到心理上的慰藉，有人听其诉苦，又不会反驳，这样就能将情绪转嫁到他人身上，自己的情绪可以舒缓些。殊不知，这样的方式会让孩子不安，不利于其情绪发展；而且这对于孩子来说也是不好的言行示范，比如抱怨个没完，将错误怪到他人身上。

孩子是无辜的，我很认同这位老师的想法。

大人要学习在孩子面前克制自己的负面情绪发泄以及对人的主观看法。自己的想法是这样，不代表别人要跟你一样，尤其面对孩子，不要让他们的情绪满载到无法负荷，不要将自己的价值观强加到他们身上。

其实，在爱里长大的孩子最幸福。

不管大人间的恩怨情仇如何，确保孩子拥有大家的爱，让他感受到自己被爱，让大人的归大人，孩子的归孩子，这会帮助孩子在人格养成期间不至于长歪。

没有安全感的大人,要练习重新看见自我价值,要从心里给自己安全感,而不是一直向外,从他人身上索求,最终,让彼此都透不过气。

跟自己及他人和好的练习

生活中的琐事繁多，外在的事物纷扰，常常能轻易地激起我们的情绪，让我们觉得沮丧或不舒服。

一般而言，我们渴望心情的宁静时刻，但，当负面情绪来临时，该怎样让自己松绑？怎样在糟糕的事件发生后，还能跟自己和好，启动自我修复过程，重新帮自己找回真正的平静？

我们常会过度地将焦点放在负面情绪上，很难逃脱，更遑论思考解决的策略；将困境放大检视的人，常常不是别人，而是自己，我们过度关注它或是想象它，自怨自艾，认为事情已经没有转圜的余地了，认为自己只会越来越糟，没有人会比自己更惨……

当有了这样的想法时，请试着想想是否有问题不存在的可能，或是情况没那么严重？这就是所谓的"例外"。譬如，我们本来以为会发生一些无可挽回或是糟糕的事情，但最终这都是我们的想象，那些事并没有发生或根本没那么严重。

我们可以试着帮助自己，也帮助他人，去觉察与探索这些

"例外时刻"。我们可以这样问问自己：

- 有没有什么时候，夫妻相处时，气氛是不错的，心情也很愉悦？
- 有没有什么时候，平常只要一靠近就斗嘴的姐弟，也能和乐地一起玩？

在"例外"中，试着找出那些被我们忽视的力量及资源，还有久违的平静感觉。然后，我们可以问问对方或自己，当时是怎么做到的？强化这些正面的经验及感受，可以帮助我们下次面对类似困境时，跳出惯性的负面思考模式。

有时候，不是困境消失了，而是由于我们心态的转换，能够接受它或是重新看待困扰我们的事件，一如认知疗法背后的哲学："困扰我们的，不是事情本身，而是我们对事情的看法。"

对于困境引起的负面情绪或思考，除了可以使用"例外"的技巧帮助自己外，我们还可以在与人互动时，改善沟通的模式，帮助彼此做有效沟通，进而减少因沟通不畅引起的负面情绪波动。"我讯息"就是这样一个不错的沟通方式，它的沟通公式是：

"当你很晚回来的时候"（**描述事件**）

"我很担心你是不是出事了。"（表达情绪并对事件做解读）

"我希望你下次确定要晚回来的时候，能打个电话或发个短信让我知道。"（用客气的方式表达我们的要求）

"这样下次如果你又晚回来，而且没吃饭，我才能先帮你准备！"（让对方知道，照着我们的要求做，对他有什么好处，增加对方执行要求的动力）

"我讯息"的重点，在于沟通时要同时讲出"心情"与"事情"。有时候抱怨的内容只是心情的宣泄及指责，就算是在讨论事情，也会变成在翻旧账，以至于到后来沟通的主题都失焦了，也无益于解决问题。

如果希望沟通有效，话语中就要尽可能减少责怪。因为责怪常容易引起对方的自我防卫，连带也降低了沟通的效率；而沟通时如能以"我"为主语表达心情，可以避免我们习惯性地责怪对方。

此外，在沟通时也要让对方知道，我们的要求对他有什么好处，一味地要求对方，通常效果不大。但如果对方知道照着我们的要求做，会带来一些益处，通常会比较愿意听一听，要求被执行的概率也会比较高。

良好的沟通，对我们的人际关系与情绪的稳定有帮助。我们也要时时提醒自己，当外在事件对我们造成了比较强烈的影响时，我们常能从其中找到自己。也就是说，如果一件事会让我们有情绪，通常是因为我们在这件事当中看到模糊的自己。

如果过去的"未竟事务"一直未解决，而现在的新事件，就会把我们过去未完成的情绪带到当下。因而，我们感觉到这件事跟自己有关，就容易引起情绪，这情绪，可能不只是因为当下事件，更有可能是新仇旧恨一并涌上来所致。

正因为人是如此容易受到情绪的捆绑，所以，我们更需要通过古人说的"修身养性"，来帮助自己解开那些不管是从原生家庭带来的，还是后天养成的，又或是被环境影响而来的禁锢。

生活中的各种考验，会让我们的过去与现在联结，进而影响我们，但我们可以通过反省、通过修正，让自己的人生过得有弹性。

第二章
我的孩子，
以及我内心的孩子

　　我选择正面面对我自己的人生，看清楚自己的不成熟，我一直努力着。

　　我也选择理解、谅解、和解，让我父母自由，或许更准确地说，是我想象中的父母，同时，也让自己收起船锚，准备扬帆启航。

原生家庭里的家规

我年纪越大,越觉得我受原生家庭的影响很大,这是年轻时候很少有的感觉。我最近在跟孩子玩闹的时候,发现自己的笑声与神态就跟我爸爸在我小时候的样子一样。

我当然没有刻意模仿,可是印象很深刻。我爸爸玩起来很疯,有时候力道拿捏上会有失分寸,他也有点好强,喜欢展现他的男子气概,这常常造成玩到最后会有一点点不愉快的状况。我很早很早就希望,等到我自己为人父母的时候,在这些方面有改善。

这样的想法,这样的场景,我已经遗忘很久,至少,我没有意识到。可是最近发现自己神似爸爸的时候,一串记忆被提了起来。而且,我很欣慰,我实现了我当初的期待。

我跟孩子互动的时候,会注意出手力道,让孩子既开心过瘾,又不至于受伤疼痛。我也表现出我认为爸爸该有的刚强,我希望让孩子有被保护的感觉。孩子跟我比赛的时候,我常有意地让孩子有较多机会获胜,但又让孩子隐隐然感觉爸爸其实不弱,你可以放心在爸爸怀抱里表现软弱。

我很高兴,我的工作让我在心思上琢磨得更细致。但我也很惊讶，原来原生家庭的影响这么深远，即便我早就从教科书上读过。

一个家庭，不只是所有成员的组合，它是一个新的单位。比如，一个孩子诞生在一个已经有一个幼童的小家庭里，这并不能简单认为只是增加了一个新成员而已。

因为，手足竞争的问题就会开始出现，妈妈的疲累可能增加，爸爸为了贴补家用，更努力地赚钱，但没有照顾到妈妈的心情。妈妈不开心，孩子更焦躁。因为一个新成员，整个家庭气氛就开始改变了。

家规需要随着不同的变化做调整

随着时间与空间的变化，家庭的气氛也会有所不同，所以即使是出生在同一个原生家庭的兄弟姐妹，也会受到不同的影响，展现出不同的个性。家里有第一个孩子的时候，三代同堂，但是等到有第二个孩子的时候，父母带着孩子已经搬进了新房子，少了祖父母的帮忙，加上房贷压力，父母压力更重。

家庭成员的互动，以"家规"来规范。家规牵涉每个成员在家庭中的权利与义务，最后慢慢形成重复性的行为模式。即使可能有许多不同的行为选项，但我们还是会采取习惯性的互动方式。

有些习惯性的互动方式，其实已经造成家庭成员的痛苦，可是还是十年如一日地反复践行。有些家庭议题绝不讨论，至少不公开讨论某些问题,例如:弟弟的自闭症、爸爸常会有一段时间突然不在家……不讨论,问题就解决不了。

在有些家庭,一点点冲突都不能发生,例如"家人之间就是要互相包容,会引起家人不愉快的话就别说出口"。而在有些家庭,则不鼓励家人跟外界有太多的互动,例如"只有家人会对你好,其他人都不要太相信","家丑不可外扬,只要说一点点,就可能会伤害到家庭"。

有些家规我们都清楚,也讲得出来,例如"大人讲话的时候,小孩不能插嘴"。但是很多家规是没有被讲出来的,"其实爸爸妈妈根本没那么在意我们小孩的想法,只要听话、成绩好、没犯什么错,就是好孩子"。

家规需要随着变化做调整,讨论的过程很重要,家庭会议该进行就得进行。

例如,有个家庭,因为经济困窘,孩子又生得多,所以厉行节约,而其中一个节约的方法,就是家里尽量不开灯。结果,家里除了妈妈之外,所有孩子都近视了。家规没有及时调整,反而因小失大。

另外一个例子,是我认识的一个家庭,家长很不喜欢孩子表达负面情绪,孩子一讲,父母就制止,教导孩子多看事物的光明面。我个人的感觉是,看光明面固然很好,但是不能过于极端,父母实际上是不想听孩子的牢骚与苦恼。只注意事物的光明面，常会掩盖真实存在的问题。

等到积累的问题爆开，前面没处理的部分会来算总账，届时父母又怪孩子，怎么没把事情告诉父母。如果父母不去注意已经存在的负面情绪，不去讨论已经存在的不愉快，怎么能让孩子说出在学校的困惑与难过？孩子说也被责怪，不说也被责怪，孩子的情绪怎么能稳定？孩子的情绪不稳定，父母的心怎么能平静？

每个人，一辈子追求的，可能就是被无条件地接纳。然而，家庭资源有限，个人常要根据家庭的现实做出妥协，甚至扭曲自己，因此会持续受伤，然后一路带着伤痛长大。

一个人在目前生活中感到有所缺憾，回到原生家庭中去找答案，是一种探索心灵的方式。但是，如果把所有的责任都推到父母身上，自己是暂时轻松了一点，好像也可以少负一点责任。可是，越寻找问题越多，如果不自省，不以自己身为成年人的力量，去改善目前的困境，那反而会让自己越来越不快乐。

我知道我的父母在很多地方有他们的局限，但是我自己当爸爸一样有不足的地方。我选择正面面对我自己的人生，看清楚自己的不成熟，我一直努力着。

放下期待，反而自在

孩子上中学了，但是女生跟男生不一样，女生敏感而细腻，而男生依然停留在"赤子心"的阶段。长得不错的女生，会开始被有些男同学若有似无地爱慕，谈起某些话题来显得早熟，如同饱经世故。

但是，她虽有类似大人的体格与言语、情绪上的感受与认知上的逻辑，也能跟得上大人的对话。然而，她终究人生经验不够，基础薄弱，自我概念也不稳定。

她告诉我，奶奶重男轻女。自从弟弟出生之后，自己就被冷落，弟弟小她好几岁，倍受大家疼爱。她也爱弟弟，但是她难免受到不公平对待，因此有时面对弟弟会有生气的感觉。

弟弟犯错，大家都一笑而过；她犯错，就会被大骂一顿，特别是奶奶，常常唠唠叨叨大半天。事实上，她在家要负责淘米、煮饭、洗衣、晒衣，虽然还不会烧菜，但也比同龄女孩负担的家务多很多了。奶奶秉持着"长女如母"的传统观念，对上中学的女孩有许多要求，也总是不满意。

弟弟天真，个性其实不坏，但是仗着大家对他的包容，有时候对姐姐讲话也不太客气。还好姐姐聪明，大家都在的时候按兵不动，等到私底下再表达她的不满，所以弟弟还算管得住。

爸爸是工人，下工之后，喜欢去喝酒聊天，所以能拿回家的钱不多，因此，妈妈常要出门工作。她喜欢妈妈，妈妈是她在家里最聊得来的人，但是，她有时候也会对妈妈有点意见，毕竟妈妈不在的时候，奶奶就会盯着自己完成家务。

"这样她（奶奶）自己就不用做了！"女孩带点怨气地说。

她形容奶奶，像是形容一个坏女人。事实上，根据我的了解，奶奶就是传统的台湾女性，没那么差。在爷爷过世之前，奶奶就是个小女人，爷爷说什么都照做。因为爷爷见的世面多，对媳妇也好，虽然儿子不成材，但爷爷出来主持家里的大小事，四平八稳，很受家庭以及街坊的敬重。

奶奶有些不好的习惯，比如常会偷看家里人的信件。姑姑以前住在家里的时候，常会抗议，奶奶却说："如果没做坏事，为什么怕人家看？"

奶奶是全职家庭主妇，每天守着家，很在意自己的自尊。爷爷在晚年身体不好的时候，开始进出医院，奶奶的不安全感更深了，情绪也随着压力越来越控制不住，经常生气。姑姑受不了奶奶的脾气，就搬离家了，这下奶奶更气，这股气直接冲击到的，就是这个女孩。

第二章　我的孩子，以及我内心的孩子

"其实，在家里，我跟奶奶相处的时间最长。我刚开始也希望奶奶会喜欢我。"女孩眼神空洞地望向远方，"后来，就不抱期待了！"

我还没说话，女孩就说到她妈妈的状况。

"我妈也说，嫁进来这么久，爷爷是真的把她当女儿看，但奶奶把她当外人，这种感觉在爷爷过世之后更明显。我爸在外面好像有暧昧的对象，奶奶就跟我妈说，是我妈没有好好照顾她儿子（我爸）才会这样！"

女孩说到这儿，还特意压低音量。因为门开着，妈妈还在隔壁。

"我妈有一次还大哭，说奶奶不喜欢她，常怪我妈为什么要一直往外跑，不知道在干吗，家里都待不住！还不是她（奶奶）儿子的钱都在外面花掉了，我妈只好出去赚钱，而且还要去教会帮忙。她（奶奶）怎么不去骂她儿子？我奶奶就会对我妈摆臭脸，超臭。"

我跟女孩讲，讨厌一个人，不见得一定不能跟她相处。"首先，要先放下一个会让你困扰的想法——'奶奶一定要喜欢我，我才会觉得自己值得被喜欢'。慈祥的奶奶，那是理想的形象，很多老人家在生命的末期，有可能受到身心疾病的困扰，或者单纯因为老了，个性变得很不可爱，多疑、脾气差……那都不意外。"

"你越希望奶奶喜欢你,你的挫折感就越大。弟弟都上小学了,这么多年,你也尽力做(家务)这么久,我们也大概猜得到,奶奶不太可能改了。目前你要常提醒自己的是,怎样才会减少不愉快的互动,当奶奶又在妈妈背后骂她的时候,先不要回嘴,找机会赶快离开,这样你们就不用吵架,免得她骂得更久。

"其次,多放一点心力在学校。你妈妈也没有多少人可以诉说家里的事,只有你最了解她,所以,她把心情全都跟你分享,可是,很多事你无能为力,勉强要介入,只会越弄越糟。我会找机会跟你妈妈说,现在你要初中升高中,压力也很大,你全部的精力用来应付你现在的生活都不见得够,你妈妈还希望你帮她分担苦恼,这是不现实的。"

自己不进入受害者角色

青少年还没完全独立,又有很多情绪不知道如何面对与解决,很需要大人的倾听与指引。如果妈妈一有情绪就往女儿身上丢,不但女儿会压抑自己,很多自己的事慢慢也不敢告诉妈妈了,因为不想让她担心。此外,对孩子抱怨家人也会加重孩子的困扰,让孩子对家人产生负面情绪。

大人要学会解决自己的情绪,才能引导孩子解决他们的情绪。

第二章 我的孩子，以及我内心的孩子

我听过另一位妈妈分享，她先生的家是单亲家庭。她婆婆跟她先生，还有小姑，相依为命很多年。他们本来婚前就打定主意要搬出去住。因为她知道婆婆很依赖她先生，她嫁进去，是抢了婆婆的儿子，甚至可以说是情人。她本来就没有期待婆媳关系能有多好，特别是婆婆喜欢看本土剧，里面常常是婆媳斗来斗去，她猜婆婆面对她大概也很焦虑。

她原本以为小姑可以帮忙照顾婆婆，没想到，婚前小姑突然被调到南部工作。而自己嫁过去之后，很快就意外怀孕，因为想当全职妈妈，陪伴孩子成长，所以也确实没有能力再额外负担搬出去的购屋费用。

婚后的状况也如同预期，婆婆偶尔就会嫌她孩子带得不好、经常回娘家、不够尊重丈夫……而且，因为生活习惯不同，婆婆也会随意进出她跟先生的房间，甚至会跟她先生撒娇，想要独占她先生，社区里很多人都听过她婆婆的诉苦。

她很清楚，她只熟悉她的先生，对她婆婆一点也不了解，同样，她婆婆也不了解她。她不必"爱"她婆婆才能过日子，甚至也不用"喜欢"，她只要相安无事、孩子平平安安长大就可以。

这位妈妈真的很坚强，把先生的时间让出来，让婆婆多跟先生独处，让先生安抚妈妈的情绪，反正自己有小孩要照顾，逗孩子取乐也不无聊。偶尔回娘家请自己的妈妈带小孩，跟先

生在外相约吃饭，弥补一下在家不足的夫妻生活。

　　不满会有，但是她自己不进入受害者角色，拒绝卷入婆媳斗争的漩涡里，就是把婆婆看成另一个要"相处"的长辈，也体谅婆婆多年来的习性要改变并不容易。婆媳关系虽改善不多，但是婆婆有孙子可以分散注意力，自己的压力好像也小了些。

　　问题本身有时候不是问题，是我们对问题的反应造成了问题。

　　她说她很幸运，先生一直以来都很支持她。作为夹心饼干，她先生很有耐心地面对他的妈妈，婆媳间有问题也都主动出面沟通，当初，她就是看上这点才嫁给他。当然，很多事还是沟通不顺，但尽力就好。

　　在关系里面，虽不能预期，但绝不放弃。不放弃尊重，不放弃调整，以求解决问题。即便关系目前相当淡薄，也不必那么介意，放下期待，反而自在。

公主的世界

从前，有个可爱的小女孩，她是爸爸妈妈的宝贝，是家里的公主。

直到有一天，弟弟出生了，公主被迫把位子让出来。她觉得自己不是爸爸妈妈心中唯一的宝贝了，于是，她每天画画，讲着王子与公主的故事，这样，在她的世界里面，她依然是靓丽动人、受到大家呵护的公主。

公主早熟而敏感，小小年纪，心里藏着许多秘密。她喜欢乐器，喜欢动物，喜欢儿童乐园……她的世界，没有小朋友进得去，所以，她总是孤单。

有一天，妈妈带着公主，到森林里找一位老精灵。妈妈希望老精灵能让公主打开她坚守的栅栏门，接纳其他小朋友，同时，也能走到其他小朋友的城堡里。

老精灵什么都不做，只陪着公主画画，专心地陪着。

于是，公主借着画画，告诉老精灵许多秘密。公主说，她碰到了蜜蜂、鳄鱼，还有凶恶的狗，老精灵说，公主会得到最好的保护，王子会保护她，爸爸妈妈会保护她，她也很强大，能保护弟弟。

公主挺起胸，大声说："我会把弟弟抱住。"

老精灵知道，蜜蜂、鳄鱼，还有凶恶的狗，可能是来自爸爸妈妈的压力，也可能是来自弟弟的威胁。

公主让老精灵进入她的世界，老精灵抹去了公主的不安。老精灵用公主世界里的语言，让公主知道，公主很安全，老精灵会陪着她。

公主离开森林的时候，跳着，笑着，走了！老精灵挥挥手，约好下次再见。

★ ★ ★

好几天了，老精灵一直忘不了公主在眼眶里打转的晶莹泪水。

那天，公主从遥远的海之国回来，在森林的深处，找到热烈欢迎她的老精灵。

公主说，她不怕鲨鱼，也不怕弟弟，只是觉得他很烦，公主一边说，一边把弟弟也画到画纸上。

"公主已经很久不这样做了！"森林里的风，偷偷在老精灵的耳边说着。

老精灵把公主的动作看在眼里，脸上漾开微笑。

"弟弟很烦！"老精灵理解地说。

这次，公主画了许多不同造型的公主，然后，推开画纸，

第二章　我的孩子，以及我内心的孩子

公主告诉老精灵白雪公主的故事。

公主说，白雪公主唱歌很好听，白雪公主的头发很好看，白雪公主跟七个小矮人玩得很开心，还跟王子一起跳舞。

老精灵有最柔软的心，也有最锐利的眼光，能穿透坚强的伪装，聆听公主想说的秘密：公主想要其他颜色的头发，公主觉得自己唱歌不好听，公主很想被呵护、被爱惜，公主很寂寞，没有人跟公主一起玩……

面对老精灵的微笑，公主卸下了长久的伪装，身体轻盈了起来，于是，她开始跳舞。那样美好的舞步，让老精灵也陶醉了……

第一个朋友

"老师,你是他第一个朋友!"

说实在话,当家长这样说的时候,我心里的感受很复杂。一方面很荣幸,另一方面又为孩子的未来担忧。

我常常觉得,工作是一种幸福。我帮助的人,年龄层可以小到婴幼童。我不见得是很多孩子的第一个朋友,但我可以确定我是他们早期少数的朋友之一。

因为与有些小朋友很不容易建立关系,连他们自己的父母都感觉到困难。所以关系建立起来之后,情感上达到同步,他笑我也笑,我笑他也笑,很多父母都体会过这种同步的美妙。

情人之间恋情正浓的时候,彼此对视就高兴,不需要什么理由。自在、轻松,那一刹那,以为幸福会永恒。

如果不会当朋友,其他关系或角色也会有状况

我想到一个专家常说:"我们不是孩子的朋友,我们就是孩子的父母,父母就要担负起父母的责任……"

我很喜欢这位专家,学养与实务能力皆强,我也很喜欢

第二章　我的孩子，以及我内心的孩子

听他谈亲子关系。只是，我们的工作范围不同，体会难免不一样。我常常要跟不同的孩子建立关系，刚开始建立的，就是一种信任的关系。

我常常觉得，如果不会当朋友，其他关系或角色也会有状况。

如果不是深厚的关系，上司就是上司，下属就是下属，大家不见得要成为朋友。可是，作为亲人或家人，如果没办法轻松聊天互动，没办法同处一室，那么，就会觉得关系有缺憾。

友伴关系，是关系持久的必要条件之一。

我想到另外一个孩子，我也是他的第一个朋友。他被骂的时候，我也会跟着感觉到委屈，好像我也是孩子，是一个有成人般心智的孩子。

"我不知道我为什么这么做，我不知道我这么做了为什么会被骂，我觉得我好委屈！"

我好像活在孩子的心里面，听得到他心里的声音。孩子的行为，有许多是受到本能驱动的，因为"本能"而被大人骂，特别是还未经多少世事的孩子，自然感到委屈。偏偏孩子被骂的时候，没办法理解大人话中的意思，或者，虽然知道其中的意思，但不知道该怎么做，也没办法控制自己的行为。所以，就会反复被骂，甚至被打。

父母常抱怨:"为什么讲过很多遍了,他还不听?"

"因为他只有两三岁!"我这么回答。

我要站在孩子这边说一句公道话,很多大人,明知不对的行为,不也还是继续做?自己都做不到,还拿来作为处罚孩子的依据。

"第一次犯错,我还会给他机会,但是一错再错,那就不应该了!"

这是很多家长告诉我的话。我心里常想,万一那是孩子根本做不到的事,又是谁的问题呢?

他们都只陪我玩一下

下课了，我跟孩子说再见，孩子难掩不舍，瘪着嘴说不想走，我就让孩子再多留五分钟。时间到，孩子还是不想走，甚至快哭出来了，我跟孩子说，回家还可以跟爸爸妈妈玩。

"他们都只陪我玩一下下！"孩子低着头说，然后趴在我的腿上，眼泪溃堤。

说实话，以我对家长的认识，他们照顾孩子算尽心了，然而，尽心不代表专心。

挪出完全交给孩子的专心时间

在以前一个家庭就有七八个孩子的年代，每个孩子都能被照顾到就算不错了。可是，现代人生的孩子少，常有只生一个的，照顾孩子的标准好像一下子就提高很多。所以，我也只能提出我的观点，真的不强求家长能做到。

所谓的"专心"，是陪伴孩子的时候，以孩子为主，回应孩子的情绪，注意孩子的需求。我们大人的心思与时间，在那一个时段，是完完全全地交给孩子的。

换个方式说，什么是不专心呢？比如，孩子跟我说，家长在陪他的时候，喜欢看电视、玩手机。我也听有的妈妈无意中提过，她会一边喂孩子吃饭，一边看韩剧。孩子也说，妈妈会让他打电动、玩游戏。

我想到以前曾经听过一个朋友谈论他的恋情。他说，他女朋友刚买手机的时候，他的地位就像司机与服务生。他女朋友上车玩手机，下车也玩手机，吃饭玩手机，约会也玩手机，根本停不下来。

他工作忙碌，好不容易抽出时间来陪女友，但是女友的心根本就不在他身上。所以他跟女友说，如果她很想玩手机，在家玩就可以，不需要出来的时候还一直盯着，尤其在车上，车身常摇晃，对眼睛不好。

他女友的回应是，她想出来玩，也想玩手机。简单来说，她玩手机累了，就要有人陪，她无聊了，就玩手机，所以我的朋友，就要不断找她玩手机的空当，问她有没有什么需要。

人在，心不在，就会感伤。

每个人，都希望被全心全意对待

之前跟许多朋友讨论《爸妈不在家》这部电影，从头到尾爸妈都不时回过家，只是心思却不在孩子身上。我曾经看过一位辛苦的妈妈，似乎有抑郁症的征兆，带孩子参加活动，一坐

第二章　我的孩子，以及我内心的孩子

下，就似乎进入自己的世界，眼神空洞地看着远方，任凭孩子在她面前手舞足蹈，妈妈都没什么反应。我远远地看着，担心孩子小小的内心世界里，会遭遇怎样的挫折。

我想到一位朋友，她曾经跟我诉说她爸爸的失智症。当一个人的记忆不断地被移除，好像橡皮擦把属于这个人的灵魂不断抹去，有时候他会突然好像醒过来一样，想起了什么，但大部分时间则处在混沌里面。

家人的悲伤，好像永无止境。眼看着亲人无法控制的失智症症状，如半夜起来敲门，怀疑别人偷了他的东西，掩盖自己屎尿失禁的尴尬与羞怒，等等。带有罪恶感的嫌恶，取代了原本的敬重与温馨，流转在家人之间。

看着好像失去灵魂的躯壳，那是讲出来就想流泪的伤感。

我的另一个朋友则刚好相反。他觉得他留给孩子的时间太多了，一想到他留给自己父母的时间只有一丁点儿，就感到羞愧和自责。他想等孩子再长大一点，就多抽点时间给父母，但是眼看着年老的父母即将走到生命的终点，不知道还等不等得到那一天？

某些家庭里的事，真的很难用对错去论断。我认识一位宅男爸爸，他的生活原本只有工作与打电动。结了婚、生了孩

· 095 ·

子，一直不懂得如何跟孩子相处，但还是勉强自己当司机，带着孩子跟太太到处去玩。但是，就算到了风景区，也是太太跟小孩去玩，他自己找个地方继续用电脑工作。

"他其实尽力了。"他太太跟我说。

我了解，很多父母，其实不适合带小孩。为了孩子，他们是真的努力了。

人在，但心不在的情况，就像有父母，又好像没父母那样。

"他们都只陪你玩一下，所以我会更专心地陪你！"我心里这样想。

每个人，都很希望被全心全意地对待，那种美好的感觉，哪怕一时半刻都好。如果我们做得到，偶尔给出我们的全心全意，我们也会间接获益。

儿子只有一个

这是听来的故事。有一对父子常起冲突，爸爸带着孩子来找心理咨询师，希望孩子的性格能改一改。

爸爸的性格，属于稳健保守型，对人对事以和为贵，谈吐温和有礼。爸爸很不喜欢时下年轻人的风格，表达过于直接，过于以自我为中心。可偏偏他儿子比时下年轻人更激进，情绪一来，没讲几句就爆粗口，连长辈在场都不忌讳。

爸爸喜欢讲道理，一讲就会融入国际局势、古今中外历史，旁征博引，滔滔不绝。但是，爸爸一开口，儿子就进入木头人的状态，两眼无神，偶尔加上几个白眼。心理咨询师看得出来，孩子在不断压抑自己，因为，如果他一反驳，爸爸又会有一堆道理压过来，所以干脆让自己进入麻木的状态。

麻木，是为了让爸爸赶快结束，这是多年来的互动默契，爸爸也明白。当爸爸在讲话时，其他家人就纷纷走开，谁也不想多待，而孩子只能留在原地听训诫。

爸爸讲得很精彩，但显然进入了一种负面的循环——他讲得越用力，孩子越不想听。

这不是对错的问题，而是感觉的问题。赢了道理，却输了感情。

有些时候，爸爸讲着讲着，就分析起现代年轻人的通病。在他眼中，好像他的孩子就是时下年轻人的代表，而且表现还更夸张。

这次见面，心理咨询师对爸爸说："时下年轻人，成千上万，真的要骂，骂也骂不完……"

爸爸微微点头，带着温和礼貌的笑容。

"可是，儿子只有一个！他虽然是时下年轻人，不过，别忘了，他也是你的儿子，是一个需要被爸爸肯定的儿子，是一个需要被支持、引导的孩子，是一个遇到问题也想跟爸爸聊聊、求解惑、找方向的孩子……"心理咨询师说，"他也想让你觉得，他说的话有道理，他也想告诉你，年轻人的表达方式或许不同，但是都有让家人过得好，让国家更进步的期待！"

爸爸说："可是他一讲话就让人觉得他没家教，会有什么人想要听他讲？所以我才想教他。"

"就是因为这样，所以我们这些关心他的人才需要多听他讲。我们都不想听他讲了，还有谁要听他讲？"心理咨询师接着说，"语言表达是一种练习，有表达才有机会进步，孩子也许冲动了点，但并不是每句话都没道理……"

爸爸的眼镜反光，他的眼神难以捉摸，脸上一副讳莫如深

第二章 我的孩子，以及我内心的孩子

的表情。

"不以人废言，这是孔老夫子的话……"连心理咨询师自己都吓一跳，今天的话怎么这么多？孔孟都出现了，"孩子不喜欢被念叨，念叨的效果也不好，不如少说多听，一听到孩子有比较成熟的想法，就应予以鼓励！"

自己先改变，孩子也会跟着改变

对的多，错的就少；成熟的多，不成熟的就少。如果能让孩子有机会受到父母的肯定，那他会试着往成熟那边靠拢。我们可以不同意孩子的看法，但我们可别忘了给孩子表达的机会，即便他目前还找不到最适当的词汇去表达。

真要追究，大人讲话也不见得多有水平，打开电视就会知道。有时大人讲话比较累，因为他常要想，这句话讲出来对自己有什么好处，所以有时都没办法相信他这句话是不是出于真心。

爸爸是一位勇于面对自己的男性，"儿子只有一个"，这句话他听了进去。他尽可能控制自己说话的长度，而且讲过一次的话，确定孩子已经了解，就尽可能不再重复。他常自我提醒，少讲几句，重点讲完就等待、倾听。爸爸刚开始肯定孩子想法的时候，感到非常别扭，但是没多久，就越来越自然。

孩子跟爸爸讲话有成就感，自然就滔滔不绝，因为情绪相对稳定，选择说出口的词汇也温和一些。一段时间以后，年轻人见到了心理咨询师，反省自己以前的种种，说自己那时像"小屁孩"，大家都笑了。

虽然革命仍未完全成功，但爸爸、孩子在继续努力。爸爸也懂得追求自己的心灵成长，看书、听演讲、跟人讨论亲子教养问题。作为带动家庭改变的火车头，这位爸爸显得活力十足，整个家庭的气氛也因此变得活泼。爸爸懂得观念要变化，孩子的话也要听，从善如流，生活更添乐趣。

真正有影响力的人，是自己改变了，就会让他人跟着改变。

为人父母是一种服务业？

幸福，不是我们拥有了想要的全部，而是对于我们目前全部的拥有感恩、知足。偶然看到一抹彩虹、一路绿灯顺畅通行，也会欢喜、珍惜。

有时候，因为关系里面的美好，即使小问题依旧存在，依旧没办法解决，也能走着走着过了一生。

不怕冲突，平静传达要求

目前的社会好像把家庭里的行为模式改变了。我们重视礼貌，所以孩子对大人讲话要注意态度，大人跟孩子讲话也要好言好语，忍不住大吼了可能还得道歉，这大概是上一代人想象不到的事情。

不过，从身教来看，人天生有模仿跟认同的本能。如果做大人的，不希望自己的行为被孩子复制，确实要从管理自己的行为做起。

以前，当大人自己有不良的行为，我最常听到大人说："这是错误示范，不要学！"

与其在言语上叫孩子不要学，不如直接从源头改变，就是大人不要做出这种行为。其实，改善自己的行为，也是自我成长的关键。

所以，陪伴孩子的时间，也就是陪伴自己的时间。虽然花的时间多，但是如果我们能乐在其中，那就不算浪费时间。那种快乐，还真是世上难寻。

孩子是最不会记仇的，所以亲子关系中有冲突，常常是大人自己先过不去。教育会有要求，有要求就难免有冲突，但是合理要求是避免将来大冲突的重要条件，大人如果怕冲突而不要求，那是甜在前头、苦在后头。

大人是否能平静地传达合理要求，是否能在面对孩子的抗议时，还能有条有理地分析此要求对孩子的好处，这很重要。

别一直在孩子的态度上挑毛病

我们爱孩子，也爱自己。爱自己是搞好关系的起点，连自己的心都照顾不好，还要烦劳他人来照顾，自然在相处时搞不好关系。

我们需要常常内省，搞清楚自己不高兴、发脾气的原因，觉察得越快，就越能避免很多冲突。

我们也需要常常研究孩子，好像心理学家那样，那么，我们会更清楚如何传达要求，孩子会容易接受。对幼童来说，可以用讲故事的方式传达要求；对大一点的孩子，可以用游戏、比赛的方式传达要求；对青少年，则要多援引法律、校规、专业知识作为讨论的依据。

如同爱因斯坦所说,"如果你没办法简单地解释它,那表示你可能了解得不够(If you can't explain it simply, you don't understand it well enough.)"。

有些父母一讲话就会讲一大篇,抓不到重点,或者逻辑自相矛盾,内容不合常理。而有些父母招架不住时,就用一大堆严厉的话来压制,焦点模糊,情绪满溢,最后只剩下要求。

有时候,父母解释得烦了,会直接丢下"没有为什么,因为我是你爸爸","家人都是为你好,外面的人说的话不要太相信","别讲这些五四三,我小时候连讲的机会都没有","你这是什么态度,你不觉得你应该道歉吗"之类的话。大人生气,孩子受伤,常要冷战一段时间。

有些年轻人使用他们的思辨能力,针对各种议题,提出不同的看法,我自己也常因为跟他们对话而获益。把年轻人的行为都当成"叛逆",可能表示父母已经招数用尽。

要对年轻人有信心,相信他们有能力反省和思考,我们更多的应该站在"引导"而不是"命令"他们的立场。真的觉得自己讲不过孩子,就要多跟人讨论,找人帮忙,别硬撑,别强词夺理,别一直在年轻人的态度上挑毛病。

明知自己理亏,还为了面子要孩子认错,那么在孩子道歉之后，就真能和好如初了吗？孩子要压住自己的情绪，勉强认错，这样对孩子好吗？孩子越来越大，难道不会累积更多的怨恨吗？自己的面子，真的比孩子还要重要吗？

在关系里，大家要一起解决问题，彼此真诚相待，把面子放旁边，真心摆中间。每个人都有不足，坦承自己的脆弱与无奈，才能让双方都愿意接纳关系中的不完美。

说到底，哪有关系是完美的呢？要进入关系，其中一项功课，就是双方要学习接纳，接纳从"我"变成"我们"，自己要进行种种调整，如果一味抗拒，关系就很难维持下去。

你这什么态度！

孩子说话的语气不好，被爸爸处罚。妈妈在一旁，看大男人和小男人都不高兴，问我，该怎么处理？

我说，当孩子态度不好的时候，要把"态度"及"他想传达的意思"分开来看。他想传达的意思，可能是自己的想法，通常包含自己的情绪；态度，则是大人最介意的说话语气，一般是有些不礼貌的地方。

换个方式讲，孩子想传达的意思，里面有属于他的情绪。大人在意的态度问题，通常是属于大人的情绪。

如果孩子讲话的措辞不对，我们马上说："你这是什么态度？跟妈妈讲话可以这样吗？这礼拜别想拿零用钱……"

这样处理，可能有以下几个坏处。

第一，孩子的意思没办法传达，而且感觉到挫折，问题也没解决。

第二，孩子的语气可能更不好，眼神更添怒气，表情更难看，因为大人把情绪加在他身上，更加深孩子不被理解的挫折感。

第三，孩子学习大人用情绪面对问题的方式，下一次遇到类似的情境，孩子可能带着这次的情绪，加倍奉还。

我建议可以这么处理，先弄清楚孩子的意思，再回过头讨论态度问题。

第一，先忍着自己的怒气。"沟通"以弄明白对方想要表达的意思，弄清楚孩子的想法与情绪，或澄清，或理解。

第二，孩子的态度伤人，大人要清楚说明感受。到底孩子用了哪些字句或者哪种语气（通常是不耐烦的语气），让大人产生了何种感受。同样的意思，孩子应当使用什么样的表达方式更能让大人接受。

大人一生气，就开始威胁孩子，不管是大声叫喊，还是威胁要处罚孩子，都是一种示范——遇到问题，先发脾气，而不是好好谈。大人比较成熟，先不要跟孩子一般见识，态度问题要谈，但要放在后面谈。

最后，大人要学习内省。

①我们年轻的时候，是不是也对自己的父母有过态度不好的时候，也曾呛过父母？

这样一想，就能体谅孩子的心情。从另一个角度来说，通常是孩子进步了，才有能力伤到父母，虽然令人很不舒服，但换个角度看，不全是坏事。

②我们现在年纪这么大了，早就成年了，是不是有时还对长辈没礼貌？

就我所知，有些大人，确实对他们的长辈讲话也不是很好听。就算维持表面上的礼貌，我们扪心自问，私底下有没有在孩子面前一直讲长辈的坏话？

或者，我们平时对长辈态度恭敬，但一发起脾气来，对长辈也不客气。我就认识一位爸爸，对晚辈强调孝顺与态度，但是他的长辈让他不高兴的时候，他一样也会大声回应。那么，他的行动，比他的语言对孩子更有影响力。

③我们大人平常跟孩子讲话的时候，是不是也没那么注意自己的口气？

有时大人对孩子常挑很恶毒的话来说，而这是日积月累的示范，对孩子有潜移默化的影响，将来，等到孩子力量够强大了，他就很有可能用更重的话反驳。

情绪是会相互激化的

当孩子态度不佳的时候，我们会面对两方面的情绪：我们自己的情绪，还有孩子的情绪。先处理孩子的情绪，再引导孩子注意到我们的情绪。

这当然不容易，有些大人的修养不够，还要继续努力，暂时只能做到以自己的情绪为重，这也不能勉强。不过，退而求其次，大人发完自己的脾气后，要尽可能理解孩子的意思。不然，孩子一表达就被骂，以后就非常有可能不敢再说，或不想再说了。

那么，为什么我们的情绪表达要放在后面呢？

这是因为我们大人的脾气一旦发作起来，可能就把孩子吓到了，特别是孩子还小的时候。而且大人的情绪一来，可能就很难理性地谈下去。

别忘了，情绪是会相互激化的。我们大人的情绪控制理论上会比孩子好，所以孩子的情绪上来时，我们不太被影响，还有可能引导孩子的情绪走向稳定。可是，如果连我们大人的情绪都失守了，孩子的情绪通常只会更明显，或者向外对着大人，或者向内压抑自己。不管孩子的情绪是向外还是向内表现，都会让孩子的思考能力降低。

但是，我也不赞成大人因为怕破坏跟孩子的关系，就只是听孩子说，而不去管态度问题。在这时候当滥好人，对孩子其实没好处。对于态度问题一定要说，因为孩子有时候受朋友与社会的影响很大，一时控制不住也有可能，但大人不能默不作声。

我常常很遗憾地听到，父母与孩子之间为了态度问题纠缠不清，但语言想传达的意思反而被轻忽处理。我真的不认为每个大人的情绪控制一定都比孩子好，都比孩子懂得如何面对问题。

生气对生气

孩子说:"我不会跟我爸分享任何事。我如果分享开心和骄傲的事,他就会嗤之以鼻;分享难过的事,他也不理我;分享生气的事,他也会跟着生气起来。所以,我不会跟我爸分享任何事!"

我跟孩子妈妈确认这件事,孩子妈妈说:"因为爸爸的个性很容易激动,我经常要帮忙把它压下来!"

坦白说,我替孩子跟他爸爸感到惋惜。我相信爸爸有很好的人生经验可以跟孩子分享;孩子是一个阳光男孩,有许多有趣的想法与优点,很爱交朋友,如果爸爸愿意,男孩会是他一辈子的良伴。

父母的角色不能忘,但我们更不能忘的是,"父母与孩子"从某个角度来说,是体验人生游戏的同行者。如果我们愿意放下身段,这一辈子,孩子能教我们大人的,不见得比我们教他的少。

有几个孩子讲到,父母听他们谈生气的事,也会以生气来回应。如果用生气对生气,容易中断话题,让分享变成教训。

我常常看到，有些人实在让人没办法跟他谈下去，因为他没办法好好听人说话，他只是急着说自己的话。说的人无法把话说清楚，听的人也听不到对方讲的事。生气的情绪常在双方之间相互激荡，如果任由情绪牵引，最后容易让自己陷在情绪围成的墙里，跨不出去，别人也进不来。

给孩子的一封信

亲爱的孩子：

你知道吗？我们这个社会，常喜欢刻意美化或丑化很多事情，为人父母，特别是为人母，好像都要"快乐地"迎接孩子的到来，孩子也总是带来阳光和爱。但事实是这样吗？

当然不是！

不少男女还没准备好，就当了父母。怀胎十月，夜不成眠；新手妈妈，育婴哺乳，身心俱疲。有些妈妈产后抑郁，因为孩子不明原因地哭闹，妈妈的那种绝望无助，好像永远不会停止。

你小的时候半夜哭闹，我知道你痛苦，但我也无能为力，只能让你趴在肩头，轻拍着想让你安睡。我只希望，如果可以，让我替你痛，加倍在我身上也没关系。好几个夜晚都是这样，我们彼此都在痛苦煎熬中度过。

所以，我刻意记住我们之间的小确幸，来抵御偶尔的寒冷与无力。

你从小就很有个性，有一阵子，我也很难预测你的情绪什么时候好、什么时候坏。还好,我的工作教我很多,你越是闹脾气,我越是冷静。冷静才能看清,看清你是因为舍不得离开我,所以你的情绪是你唯一的武器,是你不知如何是好的抗议。

所以我常常告诉你,看不见你的时候,我也很想你。想你时,既痛苦又甜蜜,有时候因为见不到你而伤心,有时候因为下班就快要见到你而感觉浑身是劲。我想保护你,希望你健康快乐。

但是我的工作也告诉我,"爱"与"碍",只有一线之隔。

我不会因为我付出了什么,也不会因为我是你爸爸,就要求你跟我靠近,硬要和你绑在一起。这一切,我心甘情愿,我可以告诉你,我做过跟你有关的许多事情,但是要不要靠近,我完全交给你决定。

你终究可能会离我而远去,那也合情合理。我的责任,就是要把你送到让你幸福的地方去,即使我不在那里。我很清楚,种种努力,是我自己的决定,完全跟你没有关系。

我当然不想跟你疏离,但是如果真有那一天,你放心,我会学习照顾我自己。我现在就尽可能吃得健康,没事就不熬夜去休息。等那一天来临,我会欢喜,会鼓励你勇敢往前走,让你别挂念我。不过,如果你失意,爸爸这里随时欢迎你。

第二章　我的孩子，以及我内心的孩子

　　人与人之间的关系，时机来了要懂得珍惜，时机到了要断然舍离，这样才会保持关系的美丽。我是凡人，我怕我自己不知道什么时候该放，什么时候该离，所以我现在能做的，只有珍惜。

　　孩子，谢谢你今天陪我，我很开心！

爸爸

窥探家庭的窗

孩子是窥探家庭的窗,他们不像大人那般遮掩。我通过他们看到许多不同家庭的样貌。虽然很多大人都说孩子会乱讲话,可是,我常感觉到,孩子不懂得修饰与伪装,整体的意象有时会比大人描绘得更清楚。

"我爸小时候还叫我去送毒品,后来我还被警察抓走!"他无奈地说。

爸爸已经过世了,妈妈吸毒,常进出监狱,所以他跟着奶奶住。奶奶不喜欢妈妈,觉得她是扫把星,认为是她带坏爸爸,还克死爸爸,让爸爸年纪轻轻就因为癌症过世。

奶奶有躁郁症,他在家常挨骂,各种难听的话都被骂过,因为奶奶不喜欢他,觉得他是麻烦。奶奶不愿意看医生,也不服药,骂了他心情也没变好,但还是继续骂。

妈妈这次回来以后,在大卖场找到工作。但是因为妈妈经常不在家,所以也很少管他,关系疏远,也不知道该如何面对他。偶尔妈妈会带些东西回来跟他一起吃,这是他记忆中少数温暖的时光,虽然聊不了几句。而且,妈妈一回来,奶奶就会把管教权给妈妈,奶奶少说一点,他就觉得温暖一点。

第二章 我的孩子，以及我内心的孩子

"可是，也不知道她（妈妈）什么时候会再进去（监狱）。"他表现出淡淡的担忧。

他偶尔也去外婆家，是被逼着不得不去。他常常觉得自己是外人。他也被外婆骂，晚上骂声太大，邻居还曾打电话报警，警察来，外婆就装可怜，说都是因为他太坏。

"因为她先骂我，我才跟她对骂，如果她不是我外婆，我就把她砍了！"说出这种一般人听到以后都会受到惊吓的话，他的情绪倒是异常平静，只是听得出来有点生气。

"家"对他而言，到底是什么？我想他自己也不清楚。家的意象非常模糊，甚至破碎，但他又没地方去，不得不回家。回了家，心情也不好，好像这一辈子都好不起来一样。

他在学校是一匹孤独的狼，经常说谎、骂脏话，虽然经常威胁要打架，但很少真的动手。偶尔逃学，也不知道要去哪里闲逛。他才上初中，很多事都做不了。

"真羡慕表姐，现在就开始赚钱了！"

他表姐的年纪也没大他多少，已经开始上网援交，有一些收入。他也想赚钱，初中一毕业就不念书了，但是完全不知道未来要做什么，以他的年纪，大部分能赚钱的事也没有人会想

找他。

他勉强算是有个好朋友，以前一起回家的路上会聊天，但是自从他的好友一放学就得直接去教会以后，他就连聊天的机会都不太有了。

比上不足，比下有余，试着珍惜和感恩

他根本不敢想或没办法想一两年后的事。他没有稳定的环境，很少有被爱的感受，功课也没有多好，情绪起伏又特别大，行为亟待调整，没有榜样。

爸爸曾经背叛他，外婆、奶奶从小就批评他，妈妈常常不在身旁，我不知道这个孩子对将来还能有什么寄望。

我又想到另一个家庭。这个家庭，除了妈妈之外，其他的三人，爸爸与一对姐弟，都有心理疾病。家里成天闹哄哄，敌意满天飞，妈妈从大陆嫁到台湾，一直苦撑着这个家。

姐姐抱怨妈妈偏爱弟弟，妈妈喊冤，说自己能给姐姐的绝不会小气。姐姐抓狂时会去撞墙，在学校、在家里，都没办法让旁人好过。

我最常接触的是中产阶级以上的家庭，这些家庭外出游玩甚至出国旅游是常态，只要孩子愿意，经济上供养孩子上大学都没有太大的困难。

而困苦的家庭，连"活下来"都要花很大的力气，教养

第二章　我的孩子，以及我内心的孩子

可能是奢望，父母能照顾好自己就算了不起，家里常是一团混乱。社工朋友花了很多时间，但需要帮助的人太多，能投入的资源又有限。

我想，有能力阅读这篇文章到最后的人，都可以试着珍惜与感恩。或许，父母给我们的爱，我们给孩子的爱，有深有浅，有困惑有妥协，很多爱的表达方式当下难以理解，但再怎么说，比上虽不足，比下却是绰绰有余。

我们的父母没有想象中那么坏；我们的孩子没有想象中那么糟；我们对生活虽然充满抱怨，但是只要付出努力就可以活下去。别用想象把我们自己逼到墙角，然后以为是绝境，试着把自己放开，视野也可以慢慢精彩。

同性之爱

当我们爱一个人时，除了希望他成为我们要的样子，我们也可以试着爱他原来的样子。

不过，现实其实很难如此，特别是当父母知道自己的孩子爱的对象是同性的时候。有时候，不见得是纯粹的爱情，大部分掺杂着友谊，而这种深度的友谊，刚好异性之爱难以取代。

社会上，很多人由于宗教的因素，对于同性之爱，常有相当负面的看法。一个人成长到青少年时期，特别是男性，常有明显的同性恋恐惧，生怕被归类为同性恋，这会造成人际关系上的负面影响。因此，喜欢同性的情感，就很容易被压抑，就连接纳自己都有些困难。

曾有网友询问，自己的孩子出柜了，该怎么办？看样子似乎在想着如何"纠正"他。我请家长试着接纳，因为，他的孩子才是最辛苦的那个人。他要接纳自己，就要花上不少时间，如果家人再给他压力，他心里的纠结更是难以解开。

为了性取向的事情，父母与孩子常发生冲突，少见面或不见面，是常有的事。比起性取向，其实亲子关系更重要，顾此失彼，得不偿失。

根据我浅薄的知识判断，性取向从小就有迹可循，到青少

第二章 我的孩子，以及我内心的孩子

年时期就会比较清楚地浮上台面。在大部分状况下，性取向并不是自己的"选择"，而是大脑的先天设定。

此外，同性之间的相处，很多时候属于友谊。一般而言，对于女性的心情，通常是女性比男性更容易懂；男性之间也有所谓的 men's talk，其中的话题女性不见得有兴趣。所以，同性相处有时候会比异性相处自在，这不难想象。

爱他原来的样子

很久以前，我认识一位女大学生，在离家上大学之后，因为在网络上聊得来，就搬去跟一位大她十多岁的单身女性同居。根据家长的说法，两者有发生性行为。女生被家长带到医院，希望能"矫正"她，还声称那位网络上认识的女性骗了她女儿。

坦白说，妈妈的担忧全写在脸上。我要求单独跟她女儿聊聊，她女儿也坦承妈妈所说的部分是事实，但仍表示会继续跟对方同居，因为相处得很愉快。

她自己想得很清楚，就是当好朋友一样相处，也不觉得一定是谈恋爱，更没想到终身伴侣之类的事。我跟她讨论家长的担心，她了解，但也无可奈何，知道会展开一场长期抗战。

我跟她妈妈进行了沟通，告诉她女儿抱持着什么样的想法，成年子女有权利追求自己的幸福，现阶段以保住亲子关系为要，往后才有机会守护在孩子身旁。妈妈带着担心走了，我也不认为我短短几句话就能缓解妈妈的焦虑,毕竟,以妈妈那一代的价值观来说,这真是太过震撼的事了。

我认识一些同性伴侣,即使经过了几年时间,他们依然能相互照顾,甚至公开出席对方亲属之间的重要场合。

对于同性婚姻是不是该合法化,社会有正反两方的看法,各有支持与反对的团体。我对这个问题的了解并不深,没办法表达我的立场。但是,同性同居,共同照顾孩子,我看过一些案例。

有些孩子需要调适,特别是青少年。他不知道怎么接纳现状,也不知道如何跟妈妈的同性伴侣相处,实在尴尬。

其实,就像在一般的家庭里面一样,同性家庭里也会有亲子沟通问题,只是由同性伴侣组成的家庭多了些社会压力。从孩子健康成长的角度来谈,我期待社会能多给予一些了解与谅解,即使这样的家庭状况很少见,孩子也应该有机会享受爱。如果社会能多一些包容,那么在这种环境下成长的孩子也会有健康的身心状态。

我是一个专业心理人员,我关心的,就是如何让孩子在面对生活的时候,少一些让他们不知所措的痛苦与寂寞。

我衷心期待每个孩子都能享受到身边大人的关怀与爱,至于大人们的性别,不是我关心的重点。

不一样的家人

当我们的船在暴风雨中载浮载沉,那一刻,我们被迫丢弃一些不必要的物品,我们会丢弃什么?又留下什么?

也许,我们该丢弃阻碍我们前进的负面能量,留下确保我们生存的必需品。也许,在被逼到墙角、没有退路的抉择时刻,我们终于知道该放下什么,然后决绝地放下了它!

很久以前,我认识一位非常疼爱孩子的爸爸,因为太太常对孩子家暴,打耳光可以打到孩子流鼻血。爸爸只得带着孩子离婚,艰难地过日子。

我无意责怪很少陪伴孩子的父母,因为,从某个角度来说,可能有其不得已的原因。一个成功的企业家,不表示他就能成为成功的父亲或母亲。有些企业家不太有耐心,也不太允许失败,这两个特点放在亲子关系上,容易导致冲突与僵局。

不会带孩子,所以很少陪伴孩子;很少陪伴孩子,所以不会带孩子。这两点,互为因果。

他们宁可发展他们的强项,至于孩子,就请阿姨来带。说实在话,有时候阿姨还更能与孩子交心。我跟不少阿姨沟通过，有些跟孩子有关的事，父母不清楚，阿姨却可以如数家珍。

有非常少数的阿姨也许因为年轻不懂事，管教孩子的时候会动手；但在大部分情况下，会过度保护与宠爱孩子，因为这样能确保她们能继续留下来工作。

自己多陪伴孩子

有一位阿姨，本身在家乡时就已经是妈妈，所以很懂孩子的心理。她把家打理得井然有序，陪伴孩子从小到大，孩子对她言听计从，因此她很受大家的倚重。

"她就像我们的家人一样！"孩子妈妈说。

不管对方的种族与身份，我们相互尊重，礼尚往来。只要对方来到我们的家里，我们在情感上就都接纳与包容，那么我们就有可能多一个家人，而不只是用人。

然而，阿姨也有自己的人生，随着时间的流逝，难免跟雇主的家庭交织在一起。

另一位阿姨也像是家人，是孩子心里的依靠。某天，阿姨说需要回乡一趟，几日便回来。没想到，一个礼拜过去，久久不见踪影，也联络不上。打开阿姨的房间，没有任何她的东西留下，便猜测她早就打算不回来了，也许是不知道如何说再见，或许是老家发生了不方便开口的事，阿姨也有自己的人生要面对。

但以这个家庭来说，调整就不是那么容易的事了。孩子失去了依靠的对象，已经几个月了，半夜想到阿姨还是会哭，行为举止变得不太稳定。妈妈突然要全力照顾孩子，一下子也不知如何是好，孩子的情绪又正在起起伏伏，妈妈很苦恼。

我曾经跟一位年轻的阿姨高频率相处约半年的时间，所以多多少少能揣摩一点她的心情。这位阿姨是为了筹措结婚基金才离乡帮佣，因为喜欢往老家打电话，又因为讲话控制不住音量，偶尔会被责骂。

她本身没什么带孩子的经验，中文也不熟，所以孩子玩，她常常只能在旁边看，说几句英文。她遇到了困难，又没有什么人可以请教，我就成了她的求助对象。那一阵子，我跟阿姨一起陪着孩子玩，孩子进步很快。

只是，雇主家似乎认为阿姨的中文不好是造成孩子的语言能力发展迟缓的原因之一，所以她就被辞退了。关于这点，我有些遗憾，因为她很用心地学习，不过，这种工作本来就是不稳定的，我也只能祝福她，希望她未来的婚姻美满。

对于我这种把阿姨当家人的论调，有些家长认为我想得太简单了。比如，一位家长提到，"对她好，她就会在家跷着脚看电视，还吃东西，拜托她做事，还要三催四请"。言下之意，当家人不可能，只能当用人看待。

其实，如果雇佣关系清楚，无法当成家人，但彼此尊重，做好各自的事，我觉得也没什么不可以。只是，偶尔看到电视新闻报道阿姨被虐，甚至被雇主性侵，我就会感觉心里很难过。这样的家庭，用这种相当不友善的方式对待阿姨，只会让家庭生活更混乱，对家里一点好处都没有。

如果父母为了实现自我价值，真有不得已之处，那么，照顾孩子的阿姨，她在孩子的心里就会自然而然成为家人，谁也难以改变。雇主能善待，阿姨能自重，那么正面的能量就会扩大。

祝福大家都能结善缘，多一位不一样的家人，好过多一位我们要处处小心提防的外人。

爱被逼得那么紧

我曾遇到过一位中年妈妈,她个性温和,与世无争,把自己的一生都奉献给丈夫和儿女,不太有自我,也不敢有自我。

她最大的烦恼是孩子,她每天的生活就是围绕着孩子和先生,煮饭、洗衣、整理家务,为生计烦恼,为家庭努力,是很传统又很伟大的女性。

某天,她告诉我她的烦恼。她说女儿刚北上念大学,才大一就交了男朋友,而她这个女儿因为从小家里管教很严,爸妈也希望孩子以课业为重,所以之前从来没有交过男朋友,她很怕女儿会被欺骗感情,烦恼得吃也吃不好,睡也睡不着。为了阻止女儿的恋情,母女关系降到冰点。

我问了这位妈妈,她是怎样阻止女儿恋情的,她说,女儿因为没有手机,所以第一次放长假回家,她常常觉得女儿好像偷打长途电话给男友,后来,也的确证实是这样,妈妈就骂了女儿,女儿生气极了。

后来,女儿索性不用家里的电话了,但她每天都会找理由出门,说要办事或买东西,因为女儿先前很少出门,所以妈妈猜测她应该是外出给男友打电话。

有一天，她实在好奇，就偷偷跟在女儿身后，果然，她发现女儿在打公用电话，她没有当众说破，就默默回家了。待女儿回到家后，她不经意地问女儿去哪儿了，女儿说了外出的地方，但她还是沉不住气，说了自己跟踪女儿的事情，还骂了女儿一顿，女儿气哭了，埋怨妈妈不通情理，硬要拆散自己的恋情。

妈妈说着，我在一旁听着，冷汗直流。妈妈说，天高皇帝远，孩子离开自己的视线后，她也管不着，只能干着急，说孩子几句，也是出于关心，难道妈妈会害自己的小孩吗？！

这位妈妈说得一把鼻涕一把眼泪的，句句在情在理，看得出她很关心孩子，但是，问题就出在太过关心。

以爱之名，逼得太紧！

试想，孩子从小被管得严，但对男女之情不是没有好奇心，只是暂时被压抑而已。离开家长的羽翼保护，课业不再是唯一的考量，很多事情都要从头学起，包括生活自理能力、两性情感、人际关系等，加上一个人在外地生活，如果有人关心照料，陷入热恋，也不是没有可能。

我安慰妈妈，请她先理解孩子的心情，可以的话，先听听孩子的说法，不要急着打断，不要急着否定，就只是倾听。待

第二章 我的孩子，以及我内心的孩子

孩子说完，也请孩子听听她的担心和焦虑到底有哪些，一起协商出一个彼此可以接受的方式，甚至，孩子如果愿意带男友回家，让你看看，也是很棒的！但切记，不要当着孩子的面对男友评头论足，让大家都下不了台。

妈妈问："如果我看了以后很不满意呢？如果我拆散他们，我女儿一定会抓狂！"

我问妈妈，你能一辈子保护你的女儿，永远代她做决定，不让她接受一丝丝挫折，永远呵护她吗？妈妈沉默了。

放手让孩子飞，随牵引返回

人际互动，不可能永远没有挫折。两性交往，即便顺利走入婚姻，也未必一直顺遂。我们都是在互动过程中慢慢调整彼此的脚步，让自己和对方都在这个过程中成为更好的人。伤心、难过在所难免，快乐、甜蜜也会有，重点是过程，而不是结果。

我们做父母的，当孩子大了，就只能在旁边提醒、陪伴，不能代过他的人生，就算是妈妈也一样，因为，每个人都有自己的人生。

我建议妈妈调整一下自己的生活重心，将重心从孩子、先生身上，挪一部分给自己，去学些才艺，或是重新接触自己以前喜欢的东西，不管是运动还是手工，只要是让自己快乐的事情都行。如果这些事情可以和先生共同去做，那更好。

少年夫妻老来伴，中老年以后的人生也可以很精彩，要为自己活，该放下的要放下。牵挂孩子，可以让孩子知道，不管发生什么，你都在他身边，他只要累了，就有地方停泊，与他分担、与他分享。

这样，孩子就像在手上的风筝，随着你的放手，越飞越高，也能随着你的牵引，顺利返回。

妈妈好像有点懂了，她说，虽然有点难，但为了亲子关系，她会努力试试看。

家家有本难念的经，但，即使难念，也要努力尝试调整，即使不能皆大欢喜，至少不要怒目相对。

别考验一个人欲望的深度

我记得以前听一位朋友说过,"我要给我女儿最好的"。

很多父母难免有过这样的想法,我也不例外。可是,我清楚地知道,这样的想法,在实际操作上需要相当谨慎。

如果想在物质层面上给予,那么我们很清楚,欲壑难填。最近有一则新闻,两岁的女孩即拥有私人飞机,穿戴皆名牌,引起大众相当多的讨论。

不过,即使在心灵层面给予,我们也应当视状况有所节制。

比如,我认识一位女性朋友,她聪明又美丽,能够让身边的男性友人被她呼来唤去。所以,她希望另一半能够对她毫无保留地付出,除了物质之外,还要时间、情感、精神、体力……

她希望男友可以当司机,载她到各处去,并且尽可能随传随到;外出旅游,即便男友开车疲惫,而她已经先休息过,精神饱满,也不让男友休息,因为她怕无聊,所以要男友陪她逛街;只要男友跟其他女性说话,她就要通盘了解谈话内容,还不许男友抱怨。

听她说,之前几位男友刚开始都愿意配合。但是,套用她的说法,会有"试用期",只要男友的配合度开始降低,"分手"

两个字就很容易从她口中说出。如果男友的耐力尚够，求求她，感情能再延续久一点。但是，最后还是没有人能通过她的考验。

她的父母教养她的时候，遵循古训，"穷养儿子，富养女"。由于她是独生女，掌上明珠，在学业表现上又高人一等，所以，她对另一半有高标准的期待，并不让人意外。

她的爱情名言之一，就是："如果他真的在乎你，不管怎么样，就是会找到时间来见你！"

我从中推想出，她理想的梦中情人，要很有钱、有闲，而这并非不可能，富二代就有机会。可是，如果又要忠诚度与配合度皆高，那大概只有跟自己谈恋爱，才可以做得到。

给爱不泛滥，但求适当

我曾经跟年轻人讨论，人与人之间，有可能出现无条件的爱吗？年轻人回答，父母对孩子应该能够做到。我进一步举出了极端的例子，孩子要求父母把养老金全拿出来，供他花用，有父母可以做到吗？年轻人回答，大概很少吧！

无条件地爱与被爱，那是种理想。

对另一个人倾尽我们的所有，这是情到浓时容易出现的承诺。可是，一个人要尽全力把自己的身心灵照顾好，就已经不容易了，怎么可能再满足另一个人的种种需求？！

第二章　我的孩子，以及我内心的孩子

照顾人的基本前提，是我们先把自己照顾好。牺牲自己来保全他人，这有限度，而且不长久。

别考验一个人欲望的深度，如果我们想尽可能地满足对方，对方很有可能会不断测试我们的底线，即使对方根本不需要。这就是人性，不完全是恶意。当我们在筋疲力尽之后，终于看破了这一点，很有可能最后连关系的本质都会伤到，赔了夫人又折兵。

我们失去了原本深厚的关系，对方则失去了愿意为他付出的人。

很多人都希望被宠爱，但是偶尔可以，要求高频率的宠爱，非常有可能被宠坏。一个人被宠坏，又没有自觉，更不容易快乐，对自己实在没有多少好处。

人与人之间是有界限的，即使亲如家人，也不能随意侵犯他人的隐私，不能随意进行身体上让人不舒服的触碰。每个人都有秘密，每个人都需要一个健康的空间，在里面喘息放松。

当深爱一个人的时候，独占与排他的欲望，在不被察觉的情况下，常有破坏性的力量。比如妈妈深爱孩子，但是孩子爱爸爸胜于妈妈，妈妈就会妒忌，破坏父子关系。

这就是为什么，即使深爱一个人，头脑都要保持清醒，常要沉淀内省的原因。

我会给我的孩子许多爱，但我尽可能不泛滥；我没办法给我的孩子最好的，我只能尽可能给他适当的。

希望大家能爱得明白，不迷失自己，又享受关系。

学习自我对话的练习

在家庭里，一个人可能同时扮演不同的角色，是妈妈又是媳妇，是儿子同时又是爸爸，是孙女也是姐姐……不同角色担负不同的任务与责任，有时候角色与角色之间也会有难以取舍的无奈，一如婆媳问题中身兼丈夫与儿子角色的男性。

人在不同角色、关系与情境中转换，难免会出现负面情绪，如果不方便对他人讲，或者不知道该怎么讲，我们就可以试着练习写"情绪日记"，它是认知疗法常使用的策略。

首先，我们可以使用表格的方式呈现下列主要项目，其次，再逐一填入事件的相关内容：

	1	2	3	4	5	6	7
日期与时间	事件	类型与强度（0~100）	自动化思考	相信此自动化思考的程度（0~100）	帮对方想一个合理的理由	再评估你的自动化思考（0~100）	综合考量3和5后的情绪与强度（0~100）
周一上午	婆婆当着孩子的面骂我	生气100 困窘70	婆婆一定是不喜欢我才这样做的	100	她身体刚好不舒服，才没顾到我的感受	60	难过50
周六中午	老公临时要加班，原本答应我的约会被迫取消	失望90 生气70	老公居然不重视我们之间的约定，他一定是不爱我了	100	他是被老板叫去的，他虽不愿意，但也无可奈何	40	难过30 释怀50

通过"情绪日记"的书写，我们尝试改变对事件和自我的观点，学习做出较合乎现实的正向假设，帮助自己改变消极的思考模式，减轻情绪困扰。

另外，检视"非理性信念"的有无，也是我们可以努力的方向之一，因为这些信念也会造成我们的情绪波动。

心理学家阿尔伯特·艾利斯曾经整理过一些常见的"非理性信念"，例如以下几点。

1. 每个人绝对要获得周围人的喜爱与赞许。

2. 个人是否有价值是看他是否全能，在每个领域中都有成就。

3. 世界上有些人很邪恶，是坏人，因此就该对他们做出严厉的谴责与惩罚。

4. 当事情不如己意时，实在很可怕，很悲惨。

5. 面对人生的艰难和责任实在不容易，不如逃避更好。

6. 人的不愉快是由于外在因素所造成的，人无法控制自己的痛苦和困扰。

7. 对于危险可怕的事物，人应该非常关心，要不断地关注，要随时留意可能会再发生类似的事。

8. 一个人的过去影响他的现在，而且是不能改变的。

9. 一个人总需要依赖他人，需要有一个比自己强的人来依附。

10. 一个人应该关心他人的问题，要为他人的问题悲伤、难过。

11. 人生的每一个问题总会有一个精确的答案、完美的解决方法，一旦得不到就会很痛苦。

当觉察到自己有这些"非理性信念"时，我们可以尝试用下列几个问句，来引导自己建立较为适宜的观点。

1. 这样想有用吗？

2. 继续这样做，对你的生活有什么影响？

3. 支持这种信念的证据在哪儿？

4. 事情怎么会因为你希望那样，就应该那样？

5. 除此之外，你的生活中就没有其他可以令你满足、高兴的事吗？

自我对话的时候，可以学着用"希望"和"喜欢"来代替"应该"和"必须"。最重要的是，要学习让我们的思考更有弹性。如果我们努力过了，生活中的各种关系（夫妻关系、婆媳关系、亲子关系等）还是很紧张，暂时无法改变，那就试着拉开距离，减少碰面的时间或机会，也是一种替代的方法。

我们要记得，情绪是会互相激化、彼此影响的。通过对技巧的学习及心境的转变，我们慢慢能使自己的情绪保持稳定，思考也相对有弹性，这样才有办法帮助自己，也帮助他人。

*本文中有关阿尔伯特·艾利斯"非理性信念"之相关内容，参考温迪·德莱顿
《Invitation to Rational-Emotive Psychology》一书

第三章

家庭中的
女性，还有男性

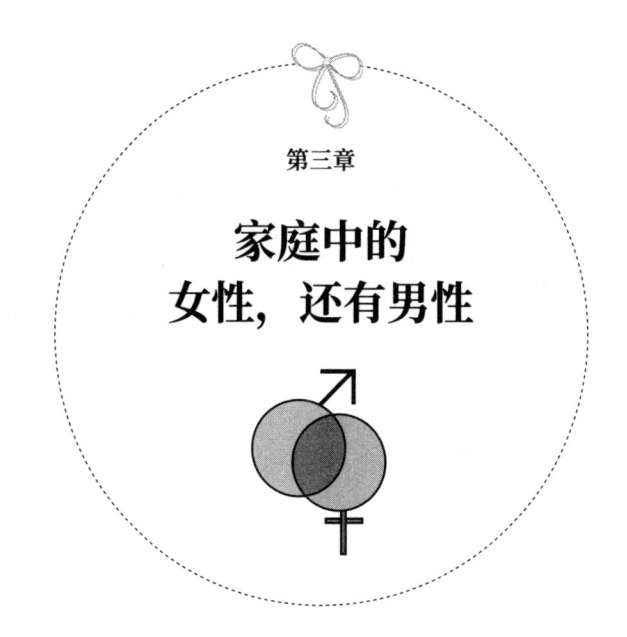

　　我不认为在家庭关系里面可以用很轻松的方式来判断对错，尤其是牵涉情绪的事。家庭关系中常是一个愿打、一个愿挨，能彼此忍受着过日子，偶尔发生一点小小的美好，就足以持续。

家庭中的性别议题

华人社会早期，对家庭中的女性，强调的美德为"三从四德"。"三从"为：在家从父，出嫁从夫，夫死从子。"四德"为：妇德、妇言、妇容、妇功，规定良家妇女应谨守品德，懂得言语分寸，端庄稳重，学习治家之道。

虽然我们对于"新女性"（有经济能力、自信、理性以及有企图心的女性）图像的描绘已经行之有年，但是目前在家庭中，女性仍然受到传统价值的影响，在性别角色扮演上常有冲突与挣扎。

一个人可能兼具男性与女性特质

现今社会，男女进入婚姻之后，大多是妇女配合先生的生活方式，做较大程度的调整与改变。社会赋予男性较大的权力去决定有关家庭的事务，即使实际执行者主要为女性。

以台湾为例，职业妇女的比例已经超过四成，但近八成的家务责任依然落在女性身上。如果家中有需要照顾的幼童与老人，主要照顾者大多是女性。所以，我们不难理解就业率与生育率的趋势刚好相反，除了经济因素、怕养不起小孩之外，担心怀孕与育儿影响事业，也是重要原因。

在台湾，婚后会有四分之一的女性辞掉工作，但是等到孩子大一点，复职率在五成左右。因为孩子长大了，开销也大，本来为了生养儿女从职业妇女变成家庭主妇，后来为了负担家庭生计又得重新当上班族，角色变来变去，实在不容易。

台湾职业妇女的典型生活是，上班八个小时以上，下班后花五个小时照顾幼童与老人，然后处理家务一到两个小时。难怪常有妈妈喊睡不够，体力与心力都濒临透支。

对我来说，男性也可以喜欢女装，女装设计师也可以是男性，可以有对女性穿搭感兴趣的男造型师，也可以有对女装潮流感兴趣的男性文字工作者。但我认识一些家长，他们不希望自己的孩子"太奇怪"，所以禁止孩子上韩版女装的网站，我鼓励家长欣赏孩子的兴趣，并期待家长能让孩子的压力借此找到释放的出口，家长以"现在他只需要好好读书，会有什么压力"来回应。

一个人可能兼具男性与女性特质，不只是参考自己的生理性别，也要参考自己面对什么样的挑战。以单亲爸爸来说，近年来比例超过四成，尽管育儿一般被视为女性的工作，但单亲爸爸也该学习跟孩子们维持良好的关系以及适当向外求助。

男性也可能从小对家务事有兴趣，然而，可能因为被过度宠爱，或者由于父母希望孩子专心念书，或者由于父母本身对性别的偏见，所以被"剥夺"了学习做家事的权利，养成家事都该由女性来做的观念。近年来受到关注的"妈宝男"问题，即与家长的此种心态有关。男性不做家事，其实会影响婚姻。

根据研究调查，只要男性表达参与家务的意愿，展现出对女性持家的体谅与尊重，便可以提升女性的家庭满意度。套用某位老妈对老爸说的话，"就算你只出一张'嘴'，说你要帮忙做（也不见得真的要做），我做到死也甘愿"。

家人的支持，有利于帮助孩子接纳自己，完成自我认同

男性在面对霸凌事件的时候，相较于女性，似乎比较容易被鼓励"以牙还牙"。学习自我保护是必要的，但是如果孩子以动手来反击，通常会增加处理霸凌的难度。一般的处理方式是，如果两人都动手，那两人都要被处罚，容易让本来被欺负的孩子更加不平。

我记得有一位爸爸说，"我赞成让他打回去！因为打回去之后，下次别人就不敢动手"。

孩子是家长的，我在说完我的想法后，我也没办法干涉家长的教养权。对人际关系不好的孩子，如果他面对的霸凌者是成群结党的，动手反击反而会招致更严重的后果。

在台湾的统计中，男性为施暴者的比例一向多于女性。在情节较为严重的家暴案例中，男性施暴者为女性的三倍。

曾经有位妈妈分享说，爸爸生气时就会动手，只要大女儿

不乖，爸爸动辄几个巴掌。爸爸的说法是："不趁她还小，就把她压到底，将来长大该怎么办？"因为这位妈妈本身也是被打骂的对象，所以即使内心相当困扰，也不敢多说什么。

一个较为敏感，或者结交较多女性朋友的男孩，容易被取笑为"娘娘腔"，甚至是"同性恋"。一个喜欢运动，常中性打扮，讲起话来凶巴巴的女孩子，可能被说成"男人婆"或"女汉子"。我会建议为了让孩子在学校承受较小的情绪压力，可以提升孩子的自觉性，让孩子知道他的言语与行为所造成的结果，让孩子自行决定是否该调整。

但是回到家之后，家人思想上的弹性与宽容非常重要。因为有家人的支持，孩子才容易面对这些社会的刻板印象与压力，一点一滴地接纳自己，完成自我认同。

一个人在不伤害他人的前提下，为什么不能用自己最舒服的姿态，为社会做贡献，去追求自己的幸福呢？

谁有教养权？

当我看到"婆婆讨厌我，我快得忧郁症了"的文章标题时，我的感触不是普通的深。我的工作使我常常要面对婆婆和媳妇，婆婆抱怨媳妇不会带小孩，媳妇抱怨婆婆管太多。连最近外出吃饭，也会听到隔壁桌一群婆婆聚在一起抱怨媳妇。

即使到马来西亚演讲，也会被问到婆媳相处的问题。这个古今中外皆存在的相处问题，在网络上也常见网友讨论，我尝试整理我的经验，来谈谈三代教育。

在我的工作中，最常面对的是教育权的问题。我常跟家长建议，亲属间的教育方法尽量一致，家长一听，有很大一部分会很快回应类似的话，"老人家很不喜欢小孩哭，只能尽量顺着孩子""长辈会用不适当的话骂小孩，甚至打小孩""孩子平常是跟老人家相处，很没有原则，我要教的时候很难教"……最后就会问我："要怎样跟老人家沟通？"

这真是我最不会回答的问题，我常说："老人家真的很难沟通的话，你可以试着把我们专业人员说过的话传达给长辈，这样你不会直接得罪长辈，有时候会因为长辈尊重专业人员而有些效果。找先生去讲也很好，先生对他的父母较为了解，可能会知道怎么讲不会破坏关系。但是如果都不行，那就只好多找时间带孩子出门，单独陪孩子。"

有一次，一位妈妈声泪俱下地描述他们家的状况，希望在旁边的先生愿意听她的意见，搬出去住。婆婆以前是老师，以前的老师很有威严，打孩子是常见的处罚方式，所以孩子不乖，婆婆就希望妈妈打孩子，有时候婆婆还会自己动手。即使妈妈不愿意，也只能在婆婆面前做做样子，迫不得已只好打几下，但事后会跟孩子道歉。

然而，公婆就住隔壁，如果孩子在房间闹脾气，声音大一点，婆婆就会冲过来瞪媳妇，指责她不会教小孩，要她想办法让孩子安静。婆婆还会借题发挥，跟亲戚街坊说媳妇不孝。

先生在一旁不否认太太的说法，但是先生告诉我，他很孝顺，因为其他的兄弟都搬出去了，父母的身体又不好，所以他想留下来照顾老人家。

家庭的问题就是这么复杂，乍看之下，好像没有谁不对，但偏偏都不是很愉快。

我也曾碰到婆婆带孙子来评估，爸爸与妈妈陪同。评估的结果是孩子有明显的发育迟缓现象。因为主要照顾者是婆婆，所以我向婆婆询问孩子平时的状况。妈妈的年纪明显小爸爸很多，跟婆婆更是差了一大截。妈妈本来在一旁默不作声，听到评估结果后，就哭了起来，越哭越伤心。

爸爸搂着妈妈。我问："你还好吗？"

妈妈一直摇头，不说话，爸爸在旁边好言安慰。因为妈妈的工作地点比较远，平时很少有机会跟孩子见面，而婆婆的言下之意，还是希望能够由自己带孙子，要妈妈继续工作。说不定妈妈很想自己带孩子？但是妈妈到最后都没开口，所以我们也不清楚她的想法。

也常有妈妈在教孩子的时候，婆婆在旁边当隐形的靠山。孩子一哭闹，婆婆就把孩子叫过去，"阿嬷疼，不要哭"。接下来可能就是给糖果或是买玩具，她顺着孙子，要博取孙子的喜欢，却让妈妈没法继续管教。

有时候是因为孩子小时候都给婆婆带，所以妈妈管教孩子的时候，好像在责怪婆婆没把孩子带好，自然造成婆婆心里的不快。有时候是婆婆希望得到尊重，教养权的争夺就变成了战争之一。

互相尊重，并随着时间学会放手与沟通

现代的婆婆告诉我的，又常是另外一番道理。

隔代教养是现在很普遍的现象，所以，年轻人不想带小孩，这让长辈很苦恼。帮忙带小孩，年轻一辈的意见又很多，当长辈的实在很委屈。老人家身体不好，但是又怕不帮忙带小孩，就没人理他们了，同时也怕看不到孙子。老人家希望减轻年轻人的负担，但是以前当老人可以享的清福，现在都不敢想了，退休了反而更累。我认识有阿嬷级的长辈，外孙孙子加起来要带两三个孩子，这要是换作年轻人，一样叫苦连天。

有时候，长辈帮忙带小孩，年轻人没给保姆钱，或者给得少，当阿公阿嬷的又不好意思要，那就会增加老人家的开销。有时候，明明知道要常带孙子出去走动，偏偏自己的体力不好，只能开着电视让孙子看，老人家也不知道除此之外还能怎么办。我碰到过阿公阿嬷一起带孙子来评估，孙子有明显的多动症倾向，教养上有困难，但是年轻人也不知道什么时候能带回去，长辈只好咬牙撑着。

另外一种妈妈们会有的抱怨，就是老人家明显重男轻女，好处都给男孩，被骂的常是女孩。这不但会造成女孩心理上的受挫感，也会让手足竞争加剧。妈妈身为女性，特别能体会到女孩的苦，但面对这种僵化的观念，又无力动摇，只好私底下多对女孩好，希望能稍稍弥补。

还有，每次过年过节都是部分妈妈感到重大压力的时候。因为有些婆婆有明显的双重标准，婆婆希望自己的女儿回来，但是却要求媳妇留下来。同时，希望儿子别碰家务，甚至返家的女儿也不用帮忙,却期待媳妇能一肩扛起所有家务,还要打理得井然有序。

当妈妈的压力大,无暇管教子女,但是年节气氛中又不适合骂孩子,孩子又有长辈护航,简直是让孩子处在"无政府状态"。回归正常生活时,经常要重新"整顿"孩子们的行为规范,费力又伤神。

另外,还有很多状况。婆婆在孩子面前骂妈妈,让妈妈很难堪,孩子很错乱;婆婆经常找妈妈抱怨,一抱怨就是一大篇,严重挤压妈妈照顾孩子与做家务的时间;妈妈对长辈不尊重,连带着也让孩子对长辈说话没大没小;妈妈为了照顾长辈,忽略了孩子,让孩子讨厌家中长辈。

婆媳之间处得不愉快,做先生的也没办法置身事外。我们没办法一下子接受对方的成长背景,也没办法主导对方的生活,可是,我们应该学会相互尊重,随着时间推移,慢慢学会放手与沟通。

想当妈妈的女儿

自从目睹妈妈被家暴,躺在床上无力地因疼痛微微呻吟着,她的世界就改变了。她是另一位心理咨询师的当事人,我因为担任督导的关系,对她的困境有些了解。

心理咨询师之间,有时候会有互相咨询求改进的聚会,毕竟人都有盲点,心理师是人,自然也不例外。有些心理师会自行寻找更有经验的前辈,或者同侪支持团体,也有时是学校、机构的安排,或者专业训练的工作坊……

其中的细节不必详谈,不过,因为担任督导的关系,我花了许多时间思考这位当事人的过去与现在。心理咨询师有时会面临一些尴尬的处境,就像这次,一个刚毕业的男性心理咨询师,正准备在职场上闯荡,没想到要面对正处在中年转折点却紧紧抓住过去不放的女性。这些人生阶段与社会经验的落差,如果没有大量的思考,助人者可能也会在关系拉锯中纠结。

召唤自觉,学习信赖自己

一个助人者,在跟当事人建立关系的时候,经常要问问自己,我们是跟当事人开创了、产生了一个新的、和谐的、有效

第三章　家庭中的女性，还有男性

的关系，还是落入了当事人另一个不断重复、无效又困扰的回路里？

人会遇到的苦难有很多种，但也不可能各种苦难都要遭遇过，才能考执照开始治疗辅导工作。那么，该怎么帮助当事人？该如何认识自己的不足？该如何陪着当事人摸索？该如何在自己也紧张的情况下，消除对方的焦虑？

答案是，回到苦难的根本，遵从人的心理法则，召唤自觉，学习信赖自己。心理咨询师要减少对完美的执着，以当事人为师，让自己多年的训练成为利人的工具。

大学四年、研究生至少三年的心理学训练，让我学到的不仅仅是跟人有关的知识。更重要的是，我还要学习如何去了解一个人，不管是从科学的角度，还是从临床的角度。要了解一个人，就得把自己也投入进去，否则，理论归理论，少了助人者本身的诠释，讲出来的话就像背教科书一般没有温度。

我们要回到助人的基础，也就是治疗关系上，搭建起舞台。我们要演好对手戏，那么，我们得先有相对坚定的态度，否则，过多的情绪冲上来，助人者眼前一花，只看得见自己，就只能演独角戏，让另一个演员迷惑不已。

那么，来谈话的当事人，是不是也能懂得跟自己建立关系，有相对坚定的态度？然后，学习松开手，让过去的过去，多一点精力聚焦在此刻、当下。

没有放手，怎么成长？

她看到了妈妈最脆弱无助的那一面，从那一刻起，还是青少年的她，变成了妈妈的妈妈，妈妈则变成女儿的女儿。好像两位演员，一错身，便有了心照不宣的默契，各自换了台词，巧妙得让观众无知无觉，甚至演员自己也浑然不知。

她背井离乡念大学，后来得到实习单位主管的赏识，留在大都市讨生活。她三不五时就会打电话给妈妈，"吃了没""要多喝水""早点睡""注意安全""小心一点"……妈妈嫌烦，嫌她啰唆，但是又眷恋她的关怀，还是要她每天打电话。

偶尔回家，她跟妈妈之间各自藏着秘密，不想让对方担心，却又亲密无间，就像极其亲昵的普通母女。但是，她不知道怎么面对她的爸爸，她时而像女儿那样对爸爸撒娇，时而又像被家暴的太太，想逃之夭夭，又矛盾又痛苦。于是，离家的期限一到，她就按时回到工作岗位，以为可以远离她内心紧抓着不放的过去。

她从事行政工作，做事常有自己的坚持。谈过几次恋爱，曾经有一次论及婚嫁，但是最后莫名其妙地不知道为什么，男方找理由分手了。对这次恋爱，她本来就不抱太大希望，因为自己年纪也不小了，过了一枝花的年纪，早就不是婚配市场的主流。所以失恋了，只是心情不好，也不觉得真的承受不了。没想到，恰好这时换了个新老板，个性刚硬，动辄要求部属在时限内交差，这等于变相逼迫加班，她开始不适应了。

经过医师介绍，她抱着姑且一试的心态，开始跟心理咨询师谈话,反正使用健康保险,费用她还能接受。刚开始,心理咨询师使用认知行为的方式,帮她厘清面对新老板的"非理性信念"所产生的不适应情绪。她也学会了一些放松技巧,如写日记,增加运动时间等。两个月之后,状况就开始好转。她有了决定,积累更多的筹码之后,再离开目前的工作,而不是像之前那样,就想着冲动地离开,而不知未来在何处。

没想到,妈妈因病突然需要开刀,她马上请假回乡。新老板几年前经历过丧母之痛,对她这两个礼拜的假爽快地批准了,这让她对新老板刮目相看。

再回到治疗室,她不复两周前的自信。她发现,自己的妈妈跟过去不一样了,她跟妈妈有过几次谈话,都不愉快。她妈妈虽然在生病,但凡事可以自己动手的,总是想自己来,她怕妈妈弄到伤口,所以一直阻止。

妈妈说:"你没有放手,我怎么成长?我也在慢慢练习,这样才能越做越好。我都没有练习的机会,等你回去了,我还是要自己来啊!"

她不理会妈妈的抗议,她用她觉得好的方式,去安排妈妈的生活。她还用高标准要求爸爸以及其他照顾妈妈的人,也因此跟其他人的关系有些紧张。

她觉得,"妈妈只是不好意思,就算她说不要,我也要照我的方式"。

不过，她隐隐觉得不太对，又说不出哪里不对。

心理咨询师劝她："照顾一个人，最难得的是用平静的心去应对。过分牵挂、过分忽略，都会让被照顾的人不太舒服。照顾一个人的身体，也要照顾他的心情。"

接下来的两三个礼拜，她跟心理咨询师谈了不少她小时候的事。关于新老板，她觉得问题其实没有像之前想得那么大，现在很多老板都这样。失恋对她的影响也不算大，因为对这段感情的投入也不多。约定的三个月一到，她感谢了心理咨询师的帮忙，就回归"正常"的生活了。

心理咨询师告诉我："她好像还有一些事没处理，如果能多一点时间，让问题都浮上台面，结果会更好。"

我问心理咨询师："你所有的'事'，都处理好了吗？都'能'处理好吗？"

他沉默了一会儿。我想，她太执着于自己所认为的"好"，希望这个世界能按照她的想法运转，这跟心理咨询师想要"完美"地结束这段治疗，全面性地改善当事人的生活，不是有一些非常有趣的重叠吗？

她不放手，她妈妈就脱离不了女儿的角色，难以成长和自由。心理咨询师不放手，就会跟自己过不去，旁人可能连句谢谢也不会说。

我们认为的好，他人自有其标准。生活中很多时候，淡然处之最重要。

妈妈的委屈

我自己喜欢孩子，也带孩子，孩子生活中的大小事我都参与。带孩子出过门的家长可能比较清楚，如果孩子小，要带的东西就很多，比如尿布、奶瓶、防蚊液、孩子的小玩具、药、换洗衣物、小零食、卫生纸、湿纸巾等，出一趟门，常常还要顺便办一些事，缴费、买菜、看医生之类。

一个人，要照顾好自己，也要照顾好孩子，要做的事很杂。很多妈妈在生完小孩之后，会发现自己头脑退化，体力也变得不够用，这不是托词，这是事实。她们容易忘东忘西，无意中粗心犯错，也容易心情浮躁。

事非经过不知难

在心理学上，压力一般分两种：重大事件压力、日常琐事压力。重大事件，比如失业、离婚、丧亲等；日常琐事，这不用多说，亲身参与操持家务的人应该都清楚，事情虽不大，但很多，真的要做永远都做不完。

家里只要有孩子，肩上就要扛着照顾孩子的责任。如果家里还有需要照顾的长辈，那更是责任重大。

事非经过不知难，光是买菜就很有学问。经济下滑，物价却上涨，以前一千元台币很多，现在要操办一家子的饭菜，一千元台币其实买不到什么食材。我从高三就开始离家在外，一个人生活多年，经常外食。外食虽然不健康，但相对轻松简单。

张罗一家人的饮食不容易，现代人也挑嘴，嫌东嫌西，这不吃，那不喜欢；想要便宜，又想要健康有机；生活压力不小，每天烦恼，又面对不知感恩的家人，更是火大；吃剩菜让自己胖，又不想浪费丢掉。

当然有人买东西不需要看价钱，但是中产阶级斤斤计较是免不了的。只是，经常计较，习惯可能成自然，另一半看了就嫌烦，就觉得小鼻子小眼睛，自私兼小气，这不禁让家庭主妇或主夫心想，真是何苦来呢？

如果家里有长辈，那么买东西就常常是对彼此关系的考验。上一代人重视勤俭品德，这一代人重视生活质量，所以普遍来说，长辈常常觉得我们花钱太多。有些家长为了长辈，回家就要报假账，被骂还要打哈哈，无形中的精神压力实在够大。

营造多理解、多包容的家庭氛围

我自己做家务不顺手，带孩子也没那么重视细节，时常被责怪，所以我很能体会某些家长的感觉。有时候，我一边做

第三章 家庭中的女性，还有男性

事，一边还要接住不断射过来的冷箭，我慢慢地练就脸皮厚、耳朵关闭的功夫，遍体鳞伤都不管，先把眼前事做完。

我的体会是，有时候做事的人不见得真的需要被肯定，做完事本身就有成就感（当然有些人很需要一直被鼓励）。有时候，没有被嫌弃，就已经阿弥陀佛、谢天谢地了！

有一次快下课的时候，跟孩子讨论晚餐。他说他要吃泡面（不用特别加蛋或青菜，就是原本那一碗加了热水的面条与调味料），我担心分量不够，但他似乎经验丰富，跟我说他以前也是如此。妈妈在一旁似乎也没觉得吃泡面不妥。我当然希望孩子能吃得更健康，但我一想到作为职业妇女的妈妈每次急急忙忙带孩子来上课，站在一旁，满脸疲惫，我就不忍心再多说什么来加重妈妈的压力。家家都有难念的经，家长的辛苦，作为当事人兼旁观者的我一清二楚。

如果住在一起，这一代职业妇女面对上一代多为全职家庭主妇的婆婆，在态度上更要小心应对。老人家的念叨，我们可以当成关心、是好意，但职业妇女听在耳里，心里难免不悦，但也只能告诉自己，凡事要宽容。如果先生漠不关心，甚至也加入婆婆的阵线责怪几句，那么，职业妇女的委屈就会自然而然地影响和乐的家庭关系，因为很少有人能不断地把情绪吞下去。

说到最后，其实，没有人可以完全按照另一个人的想法生活、做事。大家都有别人看不惯的地方,但是彼此之间如果没有理解和体谅,只有抱怨加嫌弃,那么每日的家庭生活里,就容易一片乌烟瘴气,对大家都不利。

家,不是比情绪、比力气,或者争权力、论输赢的地方,如果可以比理解、比包容,那么不知道无形中能化解多少怨气。

讲情论理有黄金比例吗？

在家庭里面，讲情跟论理的比重，要适当地调整。讲情才能维系关系，论理方便解决问题，两者不能割裂。至于比重如何分配，要看双方的个性。

沟通是否成功，其实是很主观的结论。以一对育有一子的夫妻为例。我跟这对夫妻熟识，知道他们在互动上常有困难。丈夫开车带家人出游，太太带着孩子正要上车，出现下面这段对话。

> 太太上车，不小心撞到车顶，大骂："Shit！"
> 先生："不要在孩子面前说脏话！"
> 太太大吼："为什么不说你该换车了？"
> 先生："我这台车的车顶已经很高了，是你自己撞到，而且你又在孩子面前大吼，不要这样！"
> 太太："你就是有外遇后才会这样，以前你都很体贴！"
> 先生选择沉默，不再继续对话。

以上述的对话来说，在第一回合，先生没有立即理解太太的情绪，因为太太可能觉得痛，如果先生先试着关心她，后续的对话就会比较温和一点；然而，太太的第一句话确实也不太合理，因为再怎么表达情绪，也不能跨过某些界线，例如以伤害人或伤害自己作为情绪表达的方式。

太太咒骂的方式，先生跟孩子都不会接受，这对孩子也是错误示范，太太以这种咒骂方式要先生理解自己的情绪，对先生的要求有点高。除非大家都用这样的方式表达，可能觉得没什么，但从先生的反应看来，显然不是这么一回事。

在第二回合的对话中，太太可能因为没有得到足够的支持，也可能是恼羞成怒，便开始转移焦点。在第一回合的对话结束后，如果立刻道歉，可以减少错误的影响。但是太太选择继续发泄自己的情绪，想要扳回一局，对话就变成吵架了。如果对方也被牵着鼻子走，最后就容易变成意气之争。

太太觉得先生赚得不够多，先生却觉得太太的生活标准太高，自己的年薪已高过同侪不少，但太太仍不满足。先生觉得钱够用就好，太太却向往富裕的生活，但又不想花自己赚来的钱。金钱观的不同，常成为太太发脾气的理由，只要脾气一来，就会以先生钱赚得不够为主题，开始延伸出各类话题，换车、买新电脑、出国度假、高价的儿童才艺课、顶级手机……都是太太吵架时会突然拿来要求先生的名目。

太太的失落情绪虽然需要照顾，但是客观来讲，她负主要责任。如果太太一直把负面情绪丢给先生，而自己丝毫不承担清理任务，那先生怎么接也接不完。

此外，在第二回合的开头，如果先生很了解太太的性格，又不希望太太继续进行不好的示范，就该打住，或者试着安抚太太的情绪。等有机会两人独处的时候，再继续沟通。理性至上，在这个时间点不是最好的选择。

但是先生忍不住，回了嘴，太太就在第三回合开始加码。太太不惜以关系的存续作为筹码，要求先生对自己体贴，要求先生重视自己的情绪。

沟通时尽可能别模糊焦点或把话题扯远

关系破裂的开始，常是因为一些小事。事后回头看，说不定连本来在吵什么都搞不清楚了，这就是意气之争。当我们不会沟通的时候，每件事都有可能导致分手，因为每个人都太在意自己的情绪，表达自己的情绪时也好像没有界限，想怎么表达就怎么表达，动不动就拿关系作为赌注。

如果哪一天双方的情绪都战胜了理智，就有可能各走各的路，即便累积多年的感情都一样，这是吵架的大忌。

先生到底有没有外遇，我不清楚，男方否认，女方也只是怀疑，但是在孩子面前，应尽可能避免谈这些大人的事，因为可能会引发孩子不必要的恐慌，这是社会上普遍的共识。先生终于醒悟，决定等孩子不在时再讨论，那很好。如果是心虚，沉默也没关系，因为目前多说什么，都无济于事。

虽然只有短短的三个回合，但我们可以猜想：是不是太太妒忌先生把孩子放在比她更高的位置上，常以照顾孩子的需要为优先？是不是妒忌让妈妈有些无理取闹？

我在劝解双方时，希望他们在沟通时不要模糊焦点，一码归一码。把事情扯远，会连一件小事都讲不清楚。对太太来说，如果先生平时能给予她非常多的安全感，凡事以太太为尊，那就不会吵架了。套用这位太太常说的一句话，"你都听我的就好了啊"。

我心目中理想的沟通，其实只有一个半回合。

　　太太上车，不小心撞到休旅车的顶部，大骂："Shit！"
　　先生："你怎么样？注意孩子在旁边喔！"
　　太太："我知道了，抱歉！"

先生关心太太的情绪，用轻描淡写的方式让太太注意到自己的语言。太太了解了先生的意思，简单表达自己的歉意，让孩子知道大声咒骂是不对的。

自我肯定

有一位全职妈妈跟我分享过她的心情。她说，她的两个孩子很顽皮，都不听话，她受不了，就会大吼、咒骂，甚至动手。而这样爸爸就不高兴，又会骂她，整个家庭气氛乌烟瘴气，她感觉自己糟透了。

其实，她是想要骂给爸爸听的，因为爸爸什么都不管，回家只会当大爷，看电视。没想到，爸爸把问题都丢回妈妈，责怪妈妈不会教。

最常见的亲子冲突，就是孩子们回家就打电动游戏，不做功课。妈妈吼几句，有时候会有效果，孩子站起来甩门进房间，但有没有写功课就不知道了。哥哥大了，开始用在学校学到的脏话回呛妈妈，弟弟也跟着学。只要假日妈妈独自出门，孩子交给爸爸带，妈妈回到家，孩子就在打电动游戏，爸爸也不管，有时甚至跟着一起打，说是难得陪孩子，不想把气氛搞得太糟。

千错万错，好像都是妈妈的错。妈妈很受挫，她觉得自己在家里根本没有地位可言。

全职主妇的成就感本来就不多，如果连孩子都带不好，先生也不体谅，感觉就更糟。回到婆家，公婆都不用开口，光是看着孙子们摇摇头,妈妈就想找个地洞钻进去,在婆家的一分一秒都如坐针毡。

告诉自己:今天真是不容易,自己辛苦了

　　我当时年轻,跟这位妈妈讲了不少教养技巧。这位妈妈讲话常带着情绪,指令也模糊,例如"你不知道现在该干什么吗""你这个行为跟坏小孩有什么两样"之类的话。"去写作业""去洗澡",简单几句就可以交代完了,不需要夹带情绪,引起不必要的冲突。

　　还有,妈妈常说"不要",那也是引发亲子冲突的关键,可以多给"要做什么"的指令,最好搭配成功经验,用平稳或轻松的口气表达出来,"上次你回到家,很快就写完作业了,写完再玩,不是轻松很多吗"。

　　类似的技巧,我讲了很多,甚至跟孩子互动示范给妈妈看。可是,这位妈妈就照做一点点,后来就放弃了。

　　我把事情想得太简单了,也不理解家长。我当时只是感到挫败,也有点气恼,明明这么可行的技巧,这么具体的说明,甚至要说什么都举例了,只要照着做就可以,为什么不去做?

　　我常常想着过去的案例,每想一次,都会因经验的累积而有新的想法。我猜,这位妈妈是不是丧失了信心,觉得自己根本不是好妈妈,从而处于自暴自弃的状态呢?

第三章　家庭中的女性，还有男性

如果一个妈妈连做自己都做不好，怎么还会有力量去帮助孩子呢？是不是有很多妈妈也处在类似的困境呢？

我想试着用文字做些什么。

首先，选择当一个全职妈妈，就是一件值得肯定的事。

全职妈妈不轻松，要做到"好"，很不容易。把自己的价值、自己的世界，跟家庭绑在一起，这要换成男性，可能不见得愿意。

对有些人来说，这样做真的很没安全感。因为所谓的"好"很难定义，如果家人或同住的公婆不满意，无论自己怎么付出，都会得到否定。而这时候，更应该自己肯定自己，因为肯定是种力量，能带着自己继续前进。

把一天的家务做完，睡觉之前，想想可爱的孩子，或者体贴的先生（如果真的体贴的话），然后告诉自己，"今天真是不容易，我辛苦了"。

我认识不少妈妈，常等着另一半的肯定，但后来选择放弃。我们姑且这样想，另一半的功力不够，只好靠我们自己，这样想会让自己心里过得去。

其次，我们难免讲错话、做错事，但别全盘否定自己。

别害怕承认自己的软弱，自己会有情绪，不是什么奇怪的事。

我听过一句很好的话，可以对自己多说几遍，"我可以有很糟糕的情绪，但是我不是一个糟糕的人；我是一个平凡的人，偶尔有糟糕的情绪"。

难免会有负面情绪，但我们可以不让它扩大，就好像天空本来只有一片乌云，我们却任由乌云把我们整个笼罩起来，看不见自己。钻牛角尖的终极表现，就是让负面情绪无限延伸。

最后，别让小确幸溜走。

我认识一位爸爸，他喜欢带小孩，假日几乎都在陪孩子，但他带小孩的方式常被否定。这其实没什么，只是大家的观念不同。他只好独自带着孩子出去玩，他安排孩子喜欢的活动，孩子不但开心，各项能力也都开始提升。

爸爸记得快乐时光里的一点一滴，在自己最脆弱的时候，拿来抵御环境中的负面能量。

别人不快乐，没必要把自己也赔进去。自己肯定自己，虽然辛苦，虽然寂寞，但能持续付出，就能创造不同。

你不要再解释了

这是我最近听到的一段争辩，夫妻为此冷战了好几天。

先生："我先把碗泡在有洗洁精的水里，我等下再来洗！"

太太："这是借口吧！"

先生："我们家都是这样做的，广告也是这样展示的，洗洁精会溶化油脂，等一下再用水冲会比较干净……"

太太："你不要再解释了，我不想听，这就是借口！"

结果，碗就由在旁边听的长辈默默拿去洗了。

根据我的经验，这类对话不会只在这一个家庭中发生。朋友问我的意见，当谈资在讨论，我临场反应不佳，口笨嘴拙，只能回应"清官难断家务事"。可是，当我静下心来，这段对话就屡次浮上心头。我试着想分析一下。

首先，刚开始进入家庭关系的双方，都带着各自过去的习惯来面对彼此。

尤其是牵涉我们过去的家庭习惯，那可能跟自尊绑在一起,也就是说,"你否定我过去的家庭习惯,就等于否定我的家庭,就等于否定我",这些过于简化的推论在内心进行。所以,很多看似微不足道的点,不小心被踩到了,就像踩到对方的自尊地雷那样,引发大爆炸。

爆炸的人,可能不清楚自己的内在对话,只觉得一股火冲上来;踩到的人,也可能莫名其妙,说不定也相应地冒出一团火焰。虽然双方都有点搞不清楚,但爆炸了,就是双输的局面,两败俱伤。

所以,当我们要认认真真地进入一段关系,就要抱着学习的心态。对方有哪些自尊地雷,背后有什么重要的含义,我们都要尽可能了解,不要故意去踩。真要跟对方探讨,也要小心措辞,尊重对方的家庭。

记住,有时候对方会批评自己的家人,但我们最好不要跟着批评,或者可针对某些较为夸张的"行为"本身进行评论,但别针对"人"。因为对方可以批评他的家人,并不代表我们可以。

其次,别轻易否定想要努力的人。

先生少做家务的原因之一,就是做了家务会被嫌弃、被唠叨、被浇冷水。事实上,不论性别、年龄,如果一个人的某种行为会遭到嫌弃或处罚,那么之后那个行为的发生概率会变小。

有时候,我们要明白,事情不见得要按照我们想象的方式去做，也可以给对方一些空间，让对方用他习惯的方式来做。还有，刚开始做一件事，还不熟练，难免犯错或出纰漏，多做才能生巧，就算真的达不到我们的标准，对方有这个心，就该给予鼓励。扪心自问，有时候我们是不是也会借由高标准让对方感到挫败，来宣泄一下我们的情绪呢？

以这位太太的反应来说，她可能有些宿怨，比如先生经常不做家事，或者先生不够关心她，所以才借题发挥。不过，如果太太对先生有其他不满，该找机会挑明，常借由小事作为宣泄出口，会累积双方更多的不愉快，更难处理。

我经常注意到，有的人想得到另一个人的关心，会用言语刺激对方，而并不明确表达自己的需求。比如，"你当我是死人是不是""你以为可以蒙混过关吗""有小三的人就会像你这样"！

一般来说，激将法的本质是丢出负面情绪，得到正面回应，但通常引来的也是负面情绪，适得其反。

以这件事来说，既然先生愿意洗碗，那么不管他用什么方式，就让他试试看好了。讲讲好话，说不定真的洗得比较干净。

最后，沟通重点在于倾听，而不是一味表达自己。

我们很容易对事物有成见，特别是当我们对一个人累积不少情绪的时候。可是，我们心里的"猜想"，常常不见得是对方的"事实"。在心理治疗中，心理咨询师常要跟对方确认，自己的了解是否正确，先听清楚，再回应。

可是，在一般性的沟通中常常会发生这种情况：我们自己替对方下了"结论"，不管对方如何抗辩，我们也要坚持自己的看法。对方想解释，我们还会嫌烦，所以会说出"你别再解释了""我不要听""我已经被骗很多次了，你就是这样，还不承认"……

偏偏人与人之间很容易产生误会。少数情况下，确实是对方蓄意欺骗，但大部分情况下，我们基于过去的经验，把结论套在对方身上，并没有好好思考。

在对方的需要里，找到表达爱的方式

常常有人会问我这样的问题：如果太太或先生不愿意一起成长，该怎么办？

我没有高明的答案，我只能说，改变自己容易一些。你要问一问自己，关系里面的感情还在不在？如果还在，那就努力自我成长；如果不在，有没有其他的理由支持关系的继续？如果维系关系的理由都不见了，与其彼此过着痛苦的日子，那结束关系也是不得已的事。

爱一个人，是需要学习的。不是照着自己的方式去爱才算是爱。有时候，我们过于一厢情愿，让对方感到压力，感觉不自由，常常搞得大家不愉快。我们都要在对方的需要里面，找到我们可以表达爱的方式。

第三章　家庭中的女性，还有男性

比如，我们特别爱我们的孩子，并不是因为我们的孩子比别人可爱，而是在孩子成长的过程中，我们不断付出，所以我们更加珍惜。

如果我们能爱得刚刚好，用对方想要的方式去爱他，那么，通过我们的付出，我们更能感受到深层的爱意滋长。

付出，要学习；接受，要学习。给对方机会，给自己时间，好好解释一番，听听我们自己的心声。

冒着风险讲需要

"人家说，婚姻是爱情的坟墓，为什么我还没进入婚姻，只是同居，就开始有一只脚踏进棺材的感觉？"朋友这么说。

朋友的恋爱是标准的马拉松，从高中一直到现在，快十年了，两个人都有牵手一辈子的共识，但是双方对婚姻都很谨慎，所以，同居成了两人的行动选择。只是，不知道是不是恋情冷却，同居一段时间后，新鲜感消退，很快就有了老夫老妻的感觉。

"她说，她不想结婚之后也是这样！"朋友似乎也有同感，"请你这个两性专家告诉我们，如何让彼此的关系始终维持在热恋期？"

我听到"两性专家"这种称呼，头都晕了。感谢朋友的抬举，提供一点意见当然没问题，但我只是对家庭里面发生的事多少有些概念，把每个家庭教我的事拿来延伸而已。

我跟朋友说了以下三点。

第一，马拉松式的恋爱之后还存在"热恋期"，那是非常少有的。

要持续热恋，只有不断地换伴侣，才能做到。婚姻是爱情的坟墓，偏偏小三还会来盗墓。如果伴侣之间没有发展出坚实的友谊，仅仅是以激情为主的爱恋，情侣关系能维持半年或一年就实在很了不起了。

尤其是同居后，双方在生活习惯上的摩擦，很快会消耗彼此的感情基础。这时候，对对方所有美好的投射，都进入了幻灭的阶段。幻灭的时候，会特别想念以前的激情，失落感油然而生。

第二，恋人的懒惰，是损耗情感基础的重要因素之一。

在一段关系的开始，我们常常会苦心经营，注意自己的装扮，节制自己的言语，控制好脾气，营造约会的气氛……但是等关系稳定以后，我们就开始顺便、随便、图个方便，很多事就开始求快、求简单，出去约个会，感觉无聊就开始拿起手机刷呀刷。

关系的维系需要双方共同的努力。偏偏情感方面的事很容易被认为应顺其自然。

套用朋友常说的一句话，"到手了，就不珍惜"。

对方说话，不好好听，没讲几句就嫌烦。然后女人变成老妈子，男人变成木头或炸弹，爱意渐少，嫌恶渐增，关系也越来越淡薄。

"我们现在吵架，根本就是放开了吵，她丢手榴弹，我被攻击得受不了,就想发射迫击炮,可我们以前根本就不会这样。"朋友说,"其实我觉得,我们就是沟通方式不同,但也都希望关系能继续,偏偏我们又都搞不清楚问题出在哪里。所以,要请大师开示。"

我这个朋友很顽皮,讲完还双手合十。我哪里是大师,以我的人生经验,还有这方面的辅导经验而言,我还太稚嫩。不过,我倒是从朋友的描述中,抓出了一些双方互动时可以调整的方向。

第三,了解与尊重双方沟通方式的差异。

朋友的伴侣嘴太快,常常一边还在想,一边就把事情说出口了,比如"到底我过年要包多少红包给我妈",这个时候,她其实还没想清楚。

可是,我的朋友在旁边听了,就开始接腔:"我跟你讲,你刚刚换工作,中间有一段空窗期,少给个一两千没关系……"

我这个朋友有个习惯,平时很喜欢讲话,以前他的老师曾经建议,他长大以后可以当"插'话'家"。

显然,朋友伴侣的问句,不是针对朋友而来,而是一种自问自答。朋友不懂,就一直给意见,反而把好意变成压力,最后他的伴侣用一句"哎哟,我不想讲了"来结束对话。

其实,朋友再多等一会儿,让他的伴侣把话讲完,然后再问:"你需要我给你意见吗?还是你只是要我听听你的想法?"这样比较好。

如此一来,便能减少沟通上的冲突,增加有效的回应。

"哦,这样很累呢。"朋友边做鬼脸边说,"好啦,我知道啦,我试试看!"

关系自有它的生命,可以努力,但无法预期

朋友平常话多,吵架的时候倒是话很少,积累到受不了,就一次性爆发,这实在不利于关系发展。他说,每次被骂,就会想起他妈妈从小骂他的样子,所以他从小就知道要妈妈快点结束的方式,就是闭上嘴,让妈妈骂个过瘾。

可是,朋友的伴侣似乎更生气了。

"她每次都越讲越过分,我不想跟她吵,我要去睡觉,她还在床上继续吵,真是疲劳轰炸!"

我猜,朋友的伴侣是希望朋友在吵架的时候给她回应,越不回应,她就越不高兴。

事实上,朋友常想着要怎么解决问题,所以他需要花时间思考。此外,他的伴侣要的可能是情感支持,她丢出去的情感不断落空,她的情绪就开始泛滥了。一泛滥,就口不择言,把朋友讲得一无是处。讲到激动处,比中指,骂脏话,甚至动手打朋友的头……

朋友说:"好可怕,以前她都不会这样。还好先同居了,要不然,我还不知道她的情绪可以变化这么大!"

朋友辗转从他们的共同朋友处听到,他的伴侣常在他不在的聚会上,数落他的缺点,而有些他认为根本不是事实。她对外人通常都很客气,所以根本不会有人知道,她发起脾气来是这副德性。

吵架最忌讳辱骂、动手,因为这几乎表示,你根本不把对方当回事。沟通的差异可以调整,但是情绪表现如此强烈,还在他背后做些小动作。不要说想再经历一次"热恋期",连关系能不能继续都成问题。

作为朋友,该说的已经说了,看出来朋友心里似乎有了决定,我只是祝福他,不多说什么了。

有一阵子没联络,想起朋友经历的事,还是替他惋惜。十年感情不容易,但是关系自有它的生命,我们可以努力,也可以选择不放弃,但没办法预期。

两个人吵架吵得最凶的时候,常常是各自认为自己最有道理的时候。可是,与其讲道理,不如讲"需要"。双方在关系中自在地表达自己的需要,即使冒着被拒绝的风险,那也是为了维持关系的必要努力。

我不知道这位朋友现在的感情顺利不顺利,还有没有跟她

第三章 家庭中的女性，还有男性

在继续，是不是更愿意经营关系，更懂得沟通。

还有，我一直不好意思对朋友说，不少研究显示，婚前同居，会略为提高婚后的离婚率。心理学家的解释之一，就是同居的双方习惯了共处一室的生活，反而会未经思索地走入婚姻。另一种解释是，想用婚姻来解决同居生活中的冲突，以为结婚就可以让双方忘掉冲突，找回爱意。

哪一道门是开着的？

朋友和他妈妈吵架，找我诉苦。

他说："我跟她说过，不要再浪费钱寄东西给我了，虽然委婉地讲过很多次，但最后都以吵架收场，妈妈还说我不识好歹。还有，因为她上次一直问，我才说我想念她的拿手菜，没想到她除了拿手菜以外，又多准备了一大堆菜，我一个人根本吃不完，冰箱也放不下。不吃，我觉得自己好浪费；想吃，又吃不完，赶不上食物坏掉的速度……"

朋友是外食族，他的妈妈常常把好吃的东西寄给他。但是东西吃不完，丢掉既浪费又心疼。有时候寄来的东西又会"夹带"他不喜欢的中药或保健食品，妈妈问他有没有吃，他虽然都没吃，但又不忍违逆妈妈的心意，只好一边说谎，说按时服用，一边又请妈妈不要再寄了。

没有人怀疑妈妈的好意，但是，做儿子的，希望妈妈不要再寄东西，也绝非恶意。为什么双方都带着善意，最后却有冲突？而且这样的冲突似乎没有停止的迹象？

如果是小钱，也就算了，偏偏一罐中药就是上千元，再加上运费，也不便宜。这几年下来，浪费了至少上万元，朋友都

第三章　家庭中的女性，还有男性

不敢仔细计算金额了。

这次，朋友狠下心严词拒绝。

据他转述，妈妈说，"你不懂得养生，你都不知道这些要花多少钱，我要花多少时间帮你做……好啦，不吃就不吃，我自己处理，丢掉就算了"。

"唉，又这样说！"朋友对我说。

妈妈又生气，又难过，因为朋友拒绝她的好意。这一次来回吵闹，将近半个小时，朋友觉得很累。

"好吧，那你就寄来吧！"朋友又妥协了。

可是，就算遂了妈妈的心愿，妈妈的气似乎也没消，跟朋友讲电话，语气非常冷淡。朋友跟我说，他从来没见过妈妈这么生气。

我一直追问朋友，拒绝妈妈的时候，到底有没有说过什么可能让妈妈伤心的话？朋友轻轻带过，说自己也没讲什么，妈妈就这么生气。

然后，他问我："有没有跟长辈和好的方法？"

我经常觉得我没有被信任，是提问者想保护自己的隐私，但又想知道答案。我不知道发生了什么事，对方也不见得愿意说清楚，但是一个大问题丢过来让我回答，我表示无法回应。

维护关系的四个动作：倾听、感恩、尊重、宽恕

我已经谈过很多理论，但是光谈理论，对提问的人来说，可能又显得过于空泛，若没有办法落实到具体的操作层面，我会感觉对不起提问的人。朋友这样的问题普遍存在于华人家庭，我只好再硬着头皮试试看，想搬出一些道理，希望能让朋友参考。

我上网查到了一段心理剧的创始人雅各布·莫雷诺博士的名言，"我们不用去拆除主角所筑起的墙，我们要做的是去试试每道门的把手，看哪一道门是开着的"。

为什么妈妈筑起了"墙"？

我猜，不外乎是一种受伤的感觉，一种被拒绝甚至是不被重视的感觉。妈妈不能再为这个已经成年、能自立的孩子付出什么，但是又走不出以前的角色和关系。她也许认为，她现在只能做到填饱孩子的肚子，注意孩子的健康，通过这种方式表现她的关心，她期待获得孩子的热烈反馈，但是结果却令人失望，连这唯一的表达关心的方式，似乎也行不通了。

所以，朋友不要他妈妈寄东西并无恶意，但他妈妈感受到的，可能是失落。这种事多沟通就会有所改变，也不用从小到大为这种事冲突多次。我相信，沟通大师会有更好的技巧，而我这位朋友的沟通能力也不差，我相信，在沟通方面他尽力了。

客观地说，朋友因为自己的心软而妥协，要对冲突负一部分责任。

"我不想让她这么伤心，毕竟她是我妈！"朋友抗议。

孝顺，是华人固有的美德。可是，妈妈也有她自己要面对的人生功课，难道，儿子想要妈妈继续浪费钱吗？

"这我知道，可是，假如我从此每次都拒绝到底，妈妈就会对我发脾气，那怎么办？"朋友似乎害怕坚持自己的想法，他因为担心后果严重，而一再撤退。

我用我自己的方式解读"我们要做的是去试试每道门的把手，看哪一道门是开着的"这句话。我们跟一个人互动的角度其实有很多，但由于互动的惯性，我们局限在某些互动的角度上。

对朋友和他的妈妈来说，妈妈不了解朋友的生活，又没有其他生活重心，所以，不谈"吃"和"健康"，那要谈什么呢？

朋友怕妈妈管他，很多事都不敢让她知道。妈妈做了一辈子的家庭主妇，跟朋友的爸爸没什么话聊，又常吵架，所以以电视为伴，很少走出去，其他孩子在国外，她也管不到。拓展互动的可能性，对他们母子来说，很重要。

我问朋友，愿不愿意多跟妈妈分享自己的生活？愿不愿意多关心妈妈的生活？愿不愿意鼓励妈妈参与家族事务？

"我试试看。"朋友说。

朋友如果跟妈妈分享他自己的生活，我猜，他妈妈又会想"管"，或者叫"关心"。可是，朋友已经长大了，他应该坚定立场，把握"分享"的分寸。有时候，让老人家知道自己的近况，也是一种孝顺的表现。

我跟朋友分享我最近在网络上看到的这段话：如何"爱"（Love）一个人呢？要把这个词拆解成四个字母。

"L"代表 Listen，就是"倾听"；

"O"代表 Obligate，就是"感恩"；

"V"代表 Valued，就是"尊重"；

"E"代表 Excuse，就是"宽恕"。

英文中译，或许有些牵强。但是，这四个动作，确实对关系的维护很重要。以朋友的例子来说，耐心地听妈妈想说什么，感谢妈妈一直以来的付出，尊重妈妈的想法，当他跟妈妈之间有冲突时，能够以维护关系为前提，学习宽恕与放下。

这四个动作，除了适用于长辈与晚辈之间的关系，对其他较为亲密的关系也很重要。

面对它，接受它，处理它，放下它

我在大学时交了一个朋友，他从小生长在佛教家庭，长年吃素，个性温和，有空就参加佛教青年的社团聚会。我一向对于佛法很有兴趣，所以听他讲话经常觉得津津有味。

只不过，他一讲就讲一两个小时，虽然听起来觉得非常有道理，但耗费的时间真的太多了，之后我也觉得有些压力。后来，听到同学转述这位朋友的作为，我更有了另一层思考。

同学说："他的道理是讲给别人听的，不是让自己听的。"

同学举例，明明大家隔天要交报告，他的报告一点进度都没有，还跑出去联谊，拍胸脯保证自己的那部分一定能完成。结果等到交报告的时候，他两手一摊，说没做完，还好同组的同学早就知道他的习惯，连他那部分也一起完成了，才赶上交作业的期限。

同学细数他的"事迹"，我开始感慨：原来，当他在讲道理的时候，似乎在营造一个可以让自己逃避的空间，他在现实中做不到的，借着讲道理，让他以为自己做到了。

每个一起走过一段时间的人，总能教给我们一些什么，不过，要细心体会才能领悟。我感谢这位朋友让我学到很多，让我多认识一种不同的人。

被角色绑住，就要试着解开

很久之后，偶然再见到这位朋友，是在一个书店里。当他知道我是临床心理咨询师之后，就问了我一个问题："如果跟亲人怎么样都处不好，该怎么办？"

我最怕回答这种问题了，因为对我来说，相处要看双方的个性，我不认识当事人，我只能空泛地回答。偏偏这位朋友希望我好好讲一讲。

一时之间，我只想到两点：**第一，关系要归零；第二，"四它"。**

有时候，我们对陌生人甚至比对亲人还要客气。我们常被局限在亲密关系的角色里面，然而，一进入角色，我们的行为就受限。我们每个人对角色常有自己的期待，拿不起，放不下，造成种种烦恼。

我认识一位讲话常夹带《三字经》的年轻人，他每次开口没讲几句，他爸爸就不高兴，然后就开始教训他，他很生气，满嘴脏话就更停不下来，最后不欢而散。说实在话，如果只是把他当成朋友在谈话，带着适当的尊重与客气，那么情绪也不会累积。

被角色绑住，就要试着解开。有利于关系的行为，要增加，要扩大；不利于关系的行为，要减少，要转移。在思想上，练习把关系归零，是让关系保鲜的重要途径。

我一直很喜欢圣严法师谈处理人生困境时的"四它"方法：面对它、接受它、处理它、放下它。当一些年轻人问我如何解开有关人际关系的难题时，我的回答是："不要去想它就好了！"

做人做事如果眼高手低，没有从小处累积，然后用时间去酝酿，怎么拿得到好成绩？

觉得起步难，那就一小步一小步地建立信心。其实，在每个人生阶段都有可能被卡住，但休息不是罪恶，而是蓄积能量，把前方看得更清楚。如果一下子就放弃，那只能继续被卡住。

虽然不是凡事都能处理好，但我们不能放弃努力。我们通过学习充实自己，越来越成熟，就能开创更有意义的关系。

"放下"最难，它是一种心态，一种情绪上的释然。在困境里，适应处在低潮的姿态，如果还放不下，那就往前走，做好自己。

练习祝福

如果你背地里一直咒骂他,你怎么可能看到他的好脸色?他看见你那一副讨厌他的样子,又怎么可能跟你亲近?

我认识一个妈妈,在非常巧合的情况下,跟她多聊了几句。这位妈妈是后母,先生跟他的前妻留下三个孩子,两男一女,最大的儿子已经上了大学,不常回家。最小的女儿很乖,没什么事让她操心。

最让她困扰的是老二,他正值青春期,冲撞权威的力道非常猛烈。他很不喜欢这位后母,根据生母的说法,这位后母是爸爸外遇的对象,生母因此愤而离家。离婚之后,孩子们都归爸爸,因为妈妈无力抚养,只能偶尔探望。

这位妈妈说,老二不满意她,更不满意爸爸,所以,常闹得家里天翻地覆。说起来,老二也过得辛苦,生母常对他抱怨,过多的情绪压在他心里,他还要面对自己的课业与人际关系。

为了整个家庭的和谐,爸爸问老二要不要转去念可以住宿的私立学校,老二马上同意,但又不禁流露出焦虑的神色。真的注册了,要准备转学了,老二又不同意了,说在网络上看到那个学校的霸凌现象很严重。但木已成舟,爸爸好不容易通过

第三章　家庭中的女性，还有男性

关系才让老二转学，现在只好半强迫地逼着老二就读。

这下子，老二的怨恨更深了。每逢假日回家，他都是一副臭脸，只在自己房间吃饭，家庭活动说什么都不参加。有其他长辈在的场合，比如回乡看爷爷奶奶，才会勉强配合，但很不给自己的爸爸还有后母面子，他们叫他时，他都不回应。

负面情绪有时会通过心理反刍，不断地被强化

后母难为，我们都很清楚。如果亲戚朋友又以道德标准来议论，对外人是茶余饭后、云淡风轻的话题，但是对家里要一起生活的每个人，那可是不能承受之重。

或许，后母在内心为自己被架上的道德枷锁深深地烦恼着。不过，通常这么私密的情绪，如果相互不够信任，互动的时间不够久，我也不能轻易触碰。

我唯一能说得上话的地方，就是她如何调整跟老二的互动方式。我写的亲子教养书她看过了，她也很努力，就怕被人说不关心前妻的孩子。她跟最大的孩子因为互动少，所以可以维持表面上的礼貌，但她跟小妹的关系就很好，常有共同的话题。她宣称使用了我书上"所有"的方法，但遇到老二就是没辙。

她描述她眼中的老二就是个麻烦人物。老二是个很难相处的人，非常以自我为中心，以前前妻在的时候就是如此。他还没有同理心，跟人互动就是为了自己的利益。他看不起比他弱的同学，常出言讥讽；碰到比他强的同学，就想尽办法巴结。

他的脾气很不好，没耐心，有人管他就不高兴，为此还跟补习班的老师起过几次冲突。在学校里碰到很凶的老师，他就又气又怂，回到家就一直用脏话"问候"老师的妈妈。

总结一句，老二的人际关系不好，脾气很糟。爸爸不是不清楚，但是工作忙，凡事还是要她这个后母打点。

我用了一个平时比较少提到的讲法跟她谈，那也是我当时的体会。我们在讨厌另一个人的时候，会常常在背后咒骂他，甚至有时候会幻想出一些情节，比如希望对方遇到困难，然后向我们低头，跟我们道歉，承认原来我们是对的，他是错的。

用幻想与白日梦来平衡一下我们心里的情绪，这是很常见的事，比如同事们私下聚在一起会骂老板，可是工作的时候，又假装听话。

不过，那种为了平衡负面情绪的幻想与白日梦，却常常把我们讨厌的人污名化、妖魔化、夸张化。我们在心里骂了他千百回，他的每一个小缺点都不放过，对他全盘否定，他就是十恶不赦。

其实，我们越是这样做，对关系越是不利。因为有时候负面情绪不见得真的因此而宣泄掉了，而是通过心理反刍，不断地被强化。被我们讨厌的人，很容易因为感受到我们对他的讨厌而真的开始讨厌我们，这是被验证过许多次的心理法则。

当我们想象一个人的缺点时，会想得巨细靡遗，等我们实际见到这个人的时候,就会更容易看到这个人的缺点。然后,更糟糕的是,我们会慢慢忽视这个人的优点。最后,我们会以为,我们跟这个人完全处不来,从而忘记我们还是偶尔可以相处的,也许在少数时候互动得还不错。

给出祝福的同时,也能多些温暖滋养自己

最简单的做法是,要在心中给对方"祝福"。要多想想对方的优点,多想想对方的改善与进步,想着下次见面的时候,如何肯定对方!

我觉得"祝福"是一个很有趣的词,希望对方有多一点的福气。以人与人之间的互动来说,对方有福气,对自己有益无害。

希望别人过得好,并不一定会让自己过得差。相反地,自己的心里会少些肃杀之气,多些温暖滋养自己。

有时候,想想自己是不是也有对不起对方的状况,诚心忏悔,也能修养自己的心性。以老二的状况来说,其实,他一点也不好过,多想想他的苦楚,对他的怨念也会少一些。

后母也可以多想想,烦恼这么多,是不是跟自己过度责怪自己有关?她没有多少带孩子的经验,但是一下子在名义上多了三个孩子,又都没什么感情基础,还要面对道德压力,非常不容易。

这位妈妈可以活在当下,把心力花在操持家务、调整情绪上,这样,对整个家庭会更有帮助。

天使妈妈是坏人

我经常觉得能力不足,因为以前跟孩子相处的时间才短短一个小时,顶多一个半小时,就要对孩子做初步的判断,我有点没把握。所以,我做过校访、家访,我知道,在不同情境下孩子的表现完全不同。

最近我有机会到朋友家里坐一下午。那一个下午非常珍贵,让我体悟了一些道理。

朋友家里人口简单,爸爸(朋友)、妈妈,还有一个上大班的孩子。我请爸爸妈妈不用特别在意我,我想看到这个家庭原本的样貌。

我没刻意跟孩子建立关系,孩子也没有刻意接近我,略显羞涩。没多久,孩子似乎就习惯了我的存在,在家里自在地走动。很自然地,孩子跟妈妈开始吵起架来。

起因是爸爸在书房工作,孩子找爸爸,想让爸爸带他出去骑脚踏车,妈妈阻止孩子。"你不要管我,你是坏人!"孩子的声量很大,他怒气冲冲。

我这些年工作的心得是,看人别只看外表,有时候在外面看起来温和羞怯的孩子,在家里可能是霸王,可能是"泼妇"(这是套用家长自己的说法)。

第三章　家庭中的女性，还有男性

　　爸爸不是一般上班族，而是舒活族（SOHO），也就是大部分时间在家工作的人。好处是能常常看到孩子，坏处是工作时间比一般上班族要长。所以，孩子能看到爸爸却不能跟爸爸玩的状况，就会常常发生。

　　显然妈妈制止过孩子很多次，所以孩子累积了不少情绪。没多久，孩子又要到书房找爸爸，这次想要借爸爸的计算机玩，于是又跟妈妈起了冲突。

　　孩子生起气来，表情、肢体动作、语气，表现出十足的愤怒。可是，妈妈顶多就说个"不行"，态度还算温和，刻意冷淡，并没有过激的情绪表现。

　　孩子喜欢爸爸，爸爸也喜欢孩子，所以爸爸选择这样的工作形态，想要多陪陪孩子，但完全没料到，工作时间要比单纯当个上班族还要长。

　　妈妈为了顾全大局，结果反而成为孩子心目中的坏人。"坏人"这两个字，根据家长的说法，孩子可不是说说而已，而是认认真真地认定妈妈是坏人。虽然孩子也喜欢妈妈，也爱跟妈妈玩，回到家会找妈妈。

　　追本溯源，孩子认为妈妈是"坏人"，主要是妈妈管孩子，经常会反对孩子的想法。妈妈的做法并非不合理，但是孩子没办法接受，这时候爸爸就会跳出来，安抚孩子，让妈妈有机会走开去缓解情绪。

　　妈妈虽然不是圣人，但离天使也不远了。"为什么孩子会这么骄纵？"妈妈对我说，语气中充满了无奈。

我能理解这种无奈，因为爸爸妈妈非常注意孩子的教养，确实能做到爱孩子但不过分宠溺。孩子骄纵，可能跟天性有关系，也可能跟以前孩子被其他人带的时候的教养模式有关系。

立场不同，感受就可能不同

我曾经见过一对父母，他们非常爱孩子，脾气温和，也有智慧，但是他们的孩子却说，在青春期时，经常觉得不被父母理解，感到寂寞、困惑。不论父母怎么对待孩子，孩子是不是都会有难以避免的"心理上的成长之痛"？

如果孩子因为鸡毛蒜皮的事去抱怨父母，那么以我的人生经验来说，那是鸡毛蒜皮没错，但对孩子来说，那可是了不得的大事。是否一个人在形成独立于父母的自我的同时，想借着对父母的气愤与不满，来让自己与父母拉开一段距离？

如果真是如此，那么，在生命的某一阶段，天使妈妈也会变成坏人。我常看到有些畅销书的书名是类似《百分之百让人喜欢》这样的，这可能只是为了引人注意而已，因为我认为没有"百分之百被孩子喜欢的父母"。

有些伤害似乎难以避免，说是误解也好，说是双方解读不同也罢，发生了就是发生了。

圣人也会伤人，好人也难面面俱到，立场不同，感受就可能不同。孩子该管，但好言好语地管，孩子还是不高兴。没有人能百分之百地满足另一个人，即使最爱孩子的父母也是。

在世界末日之前修复关系

我喜欢讨论生命有限性对人的意义。有一次,我问一位大学生:"如果明天就是世界末日,你想做什么?"

"想多陪陪家人!"大学生说。

我们在世间生活,被许多价值观包围,我们误以为,我们追求的就是幸福本身。然而,当我们想象自己正处在生命的终点时,许多问题就能被看清——我们的情绪起伏,常常是为了细枝末节的事,而这些浪费了我们太多的时间,还让我们离幸福越来越远。

我们想要的,无非就是跟家人共享每一刻温暖的时光。幸福其实离我们并不远,但是我们常视而不见。

我继续问大学生:"如果你跟家人吵架,你与他们已经多年未见了,你觉得就算到了世界末日他们也不想跟你相处,这时候你该怎么办?"

"那只好找别人了!"大学生看起来有些无奈。

把距离拉开，减少愤恨，多点理智

担心被拒绝，让很多人不敢听从自己心里的声音，去跟家人靠近，也因此渐行渐远。

然而，别以为我们不会成长，别以为我们跟原生家庭的关系这辈子就只能原地踏步！生命会找到出口，我们会更强壮，强壮到面对伤害而无惧，即使痛心，也懂得安慰自己，关怀家人，然后，尽可能将伤害减到最小。我们越来越懂得如何在满足自己的需求以及面对他人的要求之间达到微妙的平衡。

我问大学生："如果世界末日真的来了，难道我们还不努力试着修复关系吗？难道这时候面子还这么重要吗？"大学生陷入思考。

我不认为家人之间的关系就一定得甜如蜜，每个家庭有各自习惯的风格，只要彼此能接受，淡如水也很好。

有的家人很难亲近，这我清楚。最近有家长告诉我，自己的一个孩子从小就很少笑，个性很敏感；另一个孩子则天生就有强烈的负面情绪，很少表现正面情绪，大概只有在玩游戏赢过他人的时候会高兴。我帮助过不少孩子，他们天生以自我为中心，讲话常伤到他人而不自知。

别说孩子，大人也没好到哪里去。我就见过常常责怪他

第三章　家庭中的女性，还有男性

人、语气挑衅的中年人。如果我们的家人就是这种人，连好好说话都有困难，自然难以相处。

有时候，把距离拉开，减少愤恨，多一点理智，是必要的。但是如果把愤恨和怨怼放在心里，带着这种情绪过自己的生活，那就是拿对方的问题来折磨自己了。

都到世界末日了，自己的情绪、面子还那么重要吗？把自己的情绪与面子放在最优先的位置，我们到底因此得到了什么？是不是跟幸福靠近一点更重要呢？这些问题，可以拿来好好检视自己一番。

爱的黄金比例的练习

家庭,是我们每个人最早接触人际关系的场所,因为家人如此亲近,朝夕相处,彼此间都会有情绪影响,尤其是负面情绪。父母难过,孩子也快乐不起来,甚至是"不敢快乐";手足争吵,父母心烦,怒目相向,恶言以对。

家庭治疗方法的开创者之一,莫瑞·鲍恩,他认为通过分析一个家庭所属的三个世代,最能了解家庭,因为人际关系的模式会跨越世代,进而影响家庭成员。在他的理论中,很重要的一个概念就是"三角关系",即在一种三人关系里,两人结盟以对抗另一人。

举例来说,在家庭的三角关系里,最常见的就是,父母任一方拉孩子结为同盟,对抗、威胁另一方,孩子被迫选边站。光是想象那种处境,就知道孩子的心里必然不好受。身为父母,不管关系如何,就算已经很难维持关系了,至少在孩子面前,一言一行要尽可能为孩子着想。

我们的父母依然保有爱人的能力,如果我们愿意以平常心看待，会看到他们仍然有能力付出爱，只是或许他们呈现的方式不见得能被我们接受。

他们表达爱的方式，或许含蓄，或许霸道，或许暖心，或许无理……当我们无法接受他们表达爱的方式，想对他们发脾气的时候，我们可以试着用同理心来站在他们的立场，为他们的行为找一个合理的解释，这也会让我们自己好过一点。

我们可以试着这样理解与思考：

• 在父母成长的那个时代，可能没有人告诉他们，当三餐难以温饱、孩子又为数不少时，顾好大家的肚子已很艰难，怎样才能拨出额外的心力，好好对待每个与众不同的孩子？或许对他们而言，当时能给出的爱，就是让孩子有家可回、有饭可吃。

• 当时的信息可能不够发达，没有多少人真正对教养孩子这件事进行讨论、指导，也没有人能告诉他们，当他们小时候也被打骂时，他们可以怎样改写人生剧本，让不好的遭遇终结在自己这一代，让孩子不用像自己一样受苦，能够有更好的待遇。

• 可能没有人告诉他们，"爱"就要说出来。父母在嘴上不饶人，用"刀子嘴豆腐心"的方式来和孩子互动，但有些孩子就是不懂，也体会不到，然后亲情就在彼此的误会中消磨掉，真的很可惜。

爱一个人，是需要学习的。不管是哪个世代，都有其社会、文化背景下的因素，这些都可能影响一个人表达爱的方式。

或许，因为各种原因，我们小时候没能从原生家庭中得到渴求的爱，但我们可以通过自我觉察及反省，检视我们的爱是否也带给别人伤害了？如果不知道该怎样反省，可以试着询问对方，你的付出，是否是他想要的？

爱的黄金比例，没有一定的标准。能够在对方的需要里，找到我们可以给予的，不足则增添，过多则削减，对方能感受到，也欢喜接受，那就是爱的黄金比例。

爱，要有心、懂珍惜、能看见。

第四章

修复关系，重启对话

搞清楚对方想什么，不一定表示自己要认同对方；我们想要修复关系，但不是要牺牲自己。如果双方都能明了这些道理，就能包容矛盾与歧见，就能解决突如其来的问题。

偶尔不依赖

我有时候要到处演讲,很需要导航,去有些很不熟的地方没它真的不行。但是有一次原本要到台南,结果导航把我带到彰化,演讲迟到,从此我就有了警觉。

我依赖它,但我不能全靠它,所以在出发的前一天我还是会大概研究一下到目的地的路线。

我以前很会记电话号码,自从有了手机,我就非得找手机里面的电话簿,才找得到对方的电话,结果有时候换手机,或是 Sim 卡遗失,就要重新开始建立电话簿,相当麻烦。现在,我会把常拨打的电话号码记住,需要的时候就直接拨号码了。

太过依赖,反而让自己受到伤害。在关系里面,也是如此。

一个人也能自在

有一位男性长辈,因为太太几日不在身边,特地打电话给太太,问她怎么用电锅蒸粽子。我相信,这位从老师职位退休的男性长辈,各方面的能力应当在平均水平以上,如果他以前偶尔学习照顾自己,或者偶尔也照顾一下太太,而不是把日常事务全都交给太太处理的话，这通电话应该就不用打了。

曾经有位遭受家暴的妈妈，在我面前哭诉她对孩子的心疼。她不是不想离婚，而是"没有能力离婚"，因为她没有多少存款，也不敢去工作。这位以前当过老师的妈妈，因为当全职家庭主妇好多年，对重回职场实在没自信，所以只好回到"想起来就发抖的家"，继续过着没有尊严的生活。

她对我说，先生是她爱情长跑多年的对象。她非常谨慎地选择对象，然后嫁给他，过着男主外女主内的生活。没想到，自己还是看错了，结婚之后，先生眼里好像只有电视，完全没有她的存在，甚至对她越来越厌恶。很多时候，她因为伸手跟先生要钱，很受屈辱，自己在外面一餐只敢吃一碗面。

家务有分工，情感也一样。

我以前有位朋友，她很坦白，曾对我说，"你看得出来，我很任性吧"。

她犯了错（例如开车撞到墙壁，车要重新烤漆），从不敢主动承认，都是先生去发现、处理。每次争吵，都是先生先求和、道歉。麻烦的事，尽可能让别人做，有好处的事，自己冲第一。但是，她骂起人来，可是一点都不客气，好像别人的智商都有问题。

她负责发泄情绪，她的先生负责善后，这原本是两厢情愿，旁人不能说什么。但是，她似乎想对我也展开类似的剧情，刚开始我以为是自己被"信赖"，所以不以为意，但我慢慢发现，这像过度"依赖"——她的言行，在她先生面前那是没问题，如果要在我身上复制，那就逾越了朋友之间的界限了。

我慢慢疏远她，没想到，她产生了强烈的情绪，报复、造谣、排挤、孤立……这让我莫名其妙，难道，她不知道自己的情绪要学着自己处理吗？她真的不明白，把负面情绪狂丢在我身上，只会让我更远离她，而不是靠近她吗？她以为她的男性朋友都能像她先生那样，让着她、护着她、捧着她？

情绪管理也是一种能力，这个能力不练习，关系会不进则退。自己有情绪问题，就想依靠理想伴侣来解决自己情绪问题，难道，这理想伴侣不希望有他心目中的理想伴侣来共同面对彼此的情绪吗？

在对方没出现之前，我们应当认识到一个人也能自在。当对方出现了，我们也应当在关系中有自在的单身时间。不失去自我，更能让自己平静地面对关系中的变化，进退无惧。

不真实的美好

一家四口来找我,爸爸、妈妈、哥哥、弟弟,他们家还有一个出生没多久的小妹妹,现在在保姆家。因为小妹妹的出生,弟弟本来就容易起伏的情绪,更不稳定了。

妈妈吼了弟弟几次,弟弟就更不安了,"都没有人爱我"。

事实上,在妈妈跟我谈话的时候,爸爸和弟弟玩得很高兴,看不出妈妈所说的情况。妈妈说:"对啊,只要我跟爸爸都在,他就很放心。可是,只有我的时候,他就黏我黏得很紧,我根本没办法照顾妹妹。"

说实在话,现在中产阶级以上的家庭对育儿的要求与标准提高了很多,以前不打孩子就算是宠孩子了,现在连吼了孩子,都要跟孩子道歉。

"不打不骂就能教好孩子",类似的标题充斥在电视、广播、报纸、书籍、杂志、演讲里……当然,这是理想,能实现理想的人,本来就不多。

放下过度美好的描绘与想象

家里做生意,所以弟弟常会看到很多不同的人,夫家的习惯

第四章　修复关系，重启对话

是孩子要主动和客人打招呼，偏偏弟弟怕生。我跟妈妈讨论，目前我们不必强迫孩子打招呼，先试着营造比较友善的环境。可是，妈妈说："婆婆会觉得我没教好，我压力很大！"

弟弟被不断要求与不同的陌生人打招呼，压力很大，就像妈妈嫁到夫家，也要适应夫家的习惯一样。

此外，家里事情本来就多，妈妈又要照顾刚出生的小妹妹，弟弟又特别黏人，妈妈的情绪要保持平静的状态，那她的修养必须非常好，一般人可不容易做到。

我对孩子不打不骂，甚至连瞪孩子都没有过。在我刚开始工作时，就算有满脑子的理论，还是偶尔会对孩子说话大声。现在经验多了，就知道以长远的角度看，凡事慢慢来，自然就产生许多正面的情绪，孩子也能听得进去，父母也不需要大声说话。

对很多事，我们都抱着美好的想象。然而，过度执着于美好，就会忘了要踩在现实的根基上。脚步没站稳，很难向美好迈进。

我不是说理想不重要，我自己就不断追求属于我的理想，然而，理想如果离我们太远，我们就要从眼前的路开始走起。

先求有，再求好

有人说，成功只有两步：第一步和下一步。

"还可以怎么做？"这是我常有的内在对话，也是常跟孩子们互动的对白。一百分显然有点困难，那就先求及格，先求有、再求好。那么，怎么做才能多加个一两分？这样想，比较实在。

对妈妈来说，有些时候可以放慢脚步。光是减慢自己对孩子讲话的速度，就能让自己与孩子都平静一些。其实，我们大人常以跟大人讲话的方式，来跟孩子对话，忘了孩子的理解能力还不够强，人生经验还没那么多。慢慢讲，好好说，孩子的困惑减少了，情绪才会稳定。

而且，有些内在的修养确实需要花比较多的时间去培养。我们有时候会对孩子吼叫，那是因为我们把孩子的话过度进行负面解读了。比如，"都没有人爱我"，如果把这句话当成弟弟索求父母注意的言语，那只要对其安抚即可。

弟弟还小，对大人的很多付出都不理解，所以他只是来表达自己的感受而已。大人要让自己放松一点，放下情绪，就能更容易也更自然地表达爱。

我们常以为孩子在"否定"我们，事实上，他只是在"表达自己的感受"。这是不一样的事。如果我们没认清，就会引

第四章　修复关系，重启对话

爆自己的情绪地雷。

其实，引申开来，很多时候，他人也不见得是在否定我们，只是在表达他的不满而已。

我经常觉得，我在治疗中是做翻译，"他的意思是……""孩子是想要……"。我们都听到同样的话，但是听出来的意思却不一样，关键在于我们的情绪状态不同，心静，凡事就会看得更清楚些。

用情绪牵引

一个小学四年级的孩子来我的治疗室,全身抖个不停。他原本就有妥瑞氏症,现在更加重了,还出现了颤抖现象,他要把书收起来,书在空中剧烈晃动,他说:"因为今天很紧张!"

他来治疗室的路上,这种症状已经持续了大概有二十分钟左右。我说:"你看起来好像很不舒服,需不需要我帮你处理一下?"

孩子说不用。我就继续上课,我试着放缓上课的节奏,通过转移注意力的方式,用鼓励与幽默,帮助孩子放松。

上课上了不到一半,孩子的颤抖就停止了,妥瑞氏症的症状也减轻了。

另一个小学六年级的孩子,一来就趴在桌上,显然心情不太好。她妈妈说明了原因,并安抚了孩子。我理解孩子,说"你看起来有点难过",就继续上课了。我边上课边逗孩子,对他做鬼脸,给他鼓励。上课上到一半,孩子告诉我,上课用的桌子静电很强,能吸住他的头发,我过去看,并表示我的惊讶。

一般在这个时候,大部分老师都会希望孩子专心。可是,

第四章　修复关系，重启对话

我不是真的在上课，我是心理治疗师，我关心孩子的情绪。当我关心孩子关心的事物时，最能带动孩子的情绪，最能跟孩子打成一片。这一点如果没想通，指责孩子不专心，那我跟孩子就站在了对立面，他的情绪就很难被我带动。

当我关心他摩擦桌子产生静电的事之后，他就活跃起来了。后来，他又示范了用手臂产生静电，我也觉得很酷。然后，他把上课该回答的问题都回答了，他还特地把这礼拜准备好的十几个冷笑话拿来讲，因为我曾称赞他很会讲笑话。

"监狱里关着两名犯人，一天晚上犯人全都逃跑了，可是第二天看守员打开牢门一看，为什么里面还有一个犯人？"

"我不知道！"

"因为逃跑的犯人名叫'全都'！"

这个笑话有意思，我会心一笑，上课的气氛变得轻松许多。这孩子，把我上次谈到幽默感能化解负面情绪的课程，活学活用出来，真让我开心。坦白说，上课上到一半，这个孩子的头就抬起来了，上课上到最后，他的坏心情早就不见踪影了。

大人面对挫折的方式可以影响孩子

治疗者本身的情绪是疗愈的关键。当我们跟孩子建立良好的关系时，我们注意到孩子的情绪，接下来，就是用我们的情绪来牵引孩子。

用另外一种说法，就是大人面对挫折的方式可以影响孩子。

当我们接近不快乐的人时，我们的心情容易变得不快乐。可是，当我们接近宁静、喜悦的人时，我们的心也能慢慢静下来。

因此，家庭中影响力最大的人（通常是父母，也可能是祖父母），他们的情绪基调，就有可能是这个家庭的情绪基调。

所以，我最近跟一位妈妈谈到，要让孩子有好情绪，大人的情绪很重要！

可是，大人管不好自己的情绪，如何能让孩子有好情绪呢？孩子的情绪不佳，有些大人不但没把持住自己，还跟着孩子的情绪一起陷下去，因为孩子的负面情绪而生气，这种事我听过很多次了！

也许有人问：难道，孩子无理取闹，我们不该生气吗？

我想反问：孩子无理取闹，我们就该生气吗？

孩子有孩子的情绪，我们有我们的原则，不必跟着生气。他无理，常常是因为情绪卡住，先处理好孩子的心情，会更容易处理我们面对的事情。

我们大人有时候也会过度执着于一些事。当我们心情好

第四章 修复关系，重启对话

了，我们很多无谓的坚持也可以稍做改变，让自己的情绪多一些弹性。

我们的情绪跟孩子的情绪要切割清楚。

如果孩子的情绪引发我们更强烈的情绪，然后孩子走出去了，我们还在情绪里面，那我们要内省，到底是不是孩子的情绪引发了我们自己过去未解决的事？

父母是孩子最好的老师，在认知方面，我们教了孩子很多道理；在情绪方面，我们也在孩子面前进行了几千几万次的示范，不管孩子想不想学，都会影响到他。

如果你天生就是负面情绪非常强烈的人，那也不需要过于自责，这也不是你愿意的，请别在这一点上跟自己过不去。

如果你的情绪经常保持平静或开心的状态，别忘了这是你的工具，可以让身边的人通过你学会乐观地看待事情。

如何修复关系？

关系的起点是自己，在跟别人和好之前，先跟自己和好。没把自己整理好，自己要什么都不知道，怎么跟别人和好？

换个方式来说，重启对话的最好时机，是在双方都相对平静时。那么，先跟自己和好，自己才能平静，才能展开有效的沟通。

跟自己和好很重要，善用四个步骤把自己厘清。

第一步，请先调整自己的心情。 深呼吸，出去走一走，别继续大眼瞪小眼，相看两厌。

第二步，这段关系有没有必要维系。 比如，现在很多网民没看几句，根本没搞清楚原意，就留了些批评的话，借机发泄自己的情绪，如果每个留言都要回应，那是苦了自己。

维系关系，修复感情，也要有时间与精力。把时间花在值得的人身上，人生会快乐一些。有人就是喜欢占便宜，有人动辄污辱、贬低他人，他用一辈子养成的习惯，别以为我们用几天、几个月跟他好好讲道理就能改变。

第三步，多内省。到底自己为什么有情绪？有时候，只是因为压力太大、身体状况不佳、刚刚太急太忙……人不是机器，难免发脾气，知道自己吵得没有道理，等一下就诚心诚意地道歉，消消对方的气。如果明明自知理亏，为了面子还硬拗，那就是考验对方的耐性。有些人是想要借此看看对方多爱自己，所以任性，但是千万记得，耐性有可能被磨尽，大小姐、公子哥的脾气很多人消受不起。

不过，有些内容是陈年旧案，吵了一百遍，大家都坚持自己的。那么，我建议别再吵下去，试着各退一步，请教他人，或者请德高望重、人生经验丰富者，或者请专业人员帮忙。不断重复无效的互动，那会让人更无力，小裂痕也足以变成让人陷落的大空隙。

相处就会有冲突，也不是所有冲突的结果都会让双方满意。发生小冲突在关系里面是正常现象，别一有冲突就惊慌，好像关系要崩、世界要塌了。小吵怡情，如果懂得这个道理，淡然处之，时间久了，懂得适当表达了，冲突就会变成沟通。

第四步，学习有效沟通。先搞清楚事实，听懂对方到底在说什么，别只顾着自己生气。

自己提的问题，自己能不能清楚回应？自己要的是什么，有没有办法归纳为简单的几句？自己要的是关心，还是具体的行为？说实在话，我碰到过不少人连自己要什么都搞不清，看着对方疲于奔命，还一脸不满意，以为自己是太上皇。

有效沟通的方式，篇幅有限，只能谈到这里，修行靠个人。不过，态度很重要，说到底，是要互惠互利。只满足自己，对关系是耗损，难以再往前迈进。

冲突后，修复关系四步骤

每次意见不同，就摆出"我对，你错，你闭嘴"的态度，那很可能赢了道理，但输了感情。

冲突之后，冷静下来，可以用书信、留言、E-mail，或是当面说清楚自己要的是什么，可以参考下列步骤。

第一步，先说明自己刚刚的行为与情绪。 有时候，我们突然喊暂停，再开始沟通之后，就要主动跟对方说明，缓解对方的不安，比如"根据我的经验，刚刚大家都慢慢失去理性，再讲也讲不出什么东西，不如暂停……我刚刚又气又伤心，因为……"。

对象如果是孩子，更要注意。因为孩子容易被吓到，失去理性，特别需要大人帮他们调整情绪。孩子情绪稳定，大人的

第四章 修复关系，重启对话

话才听得进去，别忘了引导孩子理解我们的情绪，这样他才会听进我们的话。

记得，如果确实是自己没道理，请直接开头就说"对不起"，这样对于开展真诚的对话会有正面的助益。自己要有雅量，道歉之后对方也不见得满意，因为自己可能多次发脾气又不讲理。

第二步，同理与倾听。再次确定自己是否误解他人的心意。有时候冲突来得莫名其妙，对方突然有情绪，那是因为对方感觉我们只在意自己，不管他怎么想。把对方的意思再复述一次，等待对方确认。光是这种尊重对方的做法，就会让对方重新靠近。

搞清楚对方想什么，不一定表示自己要认同对方；我们想要修复关系，但不是要牺牲自己。如果双方都能明了这些道理，就能包容矛盾与歧见，解决突如其来的问题。

第三步，澄清自己的想法。对方如果愿意，请他帮我们一个忙，让我们确定自己有没有表达错误，以致对方误会。

如果对方误解，请先在头脑中把自己的想法整理清楚，再简单告诉对方。避免没有重点地长篇大论，让对方搞不懂。如果可以，请具体比较对方的理解与我们想法之间的差异。

第四步，和对方一起思考"你好我也好"的解决之道。相互理解之后，就要展开行动，但是差异过大，就要学习妥协，这样才有办法让关系走得久远，这也表示，大部分的人都要在关系中学习改变。

妥协，可以是撒娇，可以是床头吵床尾和，也可以是大家设定共同的目标一起前进……同时，在关系中划出个人所拥有的独立空间。

真能在冲突后走过这四步，大概就会雨过天晴，说不定还会让关系变得更为紧密。但是，人常因为误会而在一起，因了解而分离，如果清楚彼此的差距难以跨越，放手也是选择之一。

情人之间，以感情为基础，感觉没了，只有一方辛勤耕耘，也只能唱独角戏。亲人虽然有血缘关系，看似无法代替，但还是有可能对彼此没兴趣，表达过自己的关心，申明过自己的责任与权利，就要由对方去，否则徒增伤心。关系中，如果习惯用情绪勒索，只为了跟对方在一起，那么别忘了，那会绑住别人，也绑住自己。

我们没办法跟每个人都和和气气，这是许多人教导我的道理。到一定的年纪之后，就更懂得在一定的范围内做自己。做好自己，合则来，不合则去，洒脱好过强迫。要注意礼貌，因

第四章　修复关系，重启对话

为再见面也有三分情，好聚好散，没有对谁的恨要一辈子放在心里，那真是跟自己过不去。

从来不停止改变的，就是人与人之间的微妙关系。

受伤圈的练习

在人与人的互动中，冲突总是难以避免，差别只在于程度而已。尤其是家人，因为血脉相连，骨肉相亲，不管有没有住在一起，这辈子总是有难以割舍的缘分。

常听身边的朋友们抱怨，自己在和其他家人互动时，心里或多或少都曾有气，零星的口角当然免不了，但遇到大冲突时，有时候可以冷战好几年都不讲话。我也曾听过一位老妈妈说，家里的两个儿子，多年前因为某件事情意见不合，至今五年了，兄弟之间仍"相敬如冰"，逢年过节回家时，也不见两人有互动，身为妈妈，看到这个状况，分外忧心和难过。

我们经常容易在冲突或是关系中过度放大自己的委屈或痛苦，觉得没有人比自己更难过了，为什么其他人就是不理解自己。当类似这样的情绪无法放下或一直萦绕于心，就很难踏出修复关系的第一步，因为连自己都不能跟自己和好，遑论跟其他人。

家族治疗中有一个名为"哀伤圆"的技巧，可以帮助我们看清情绪的流动在互动间的真实样貌。"哀伤圆"原本是专门用于那些对于自己单身这件事感到沮丧、忧郁的女人身上。

"哀伤圆"的原理，主要是把"人""事件"及"情绪"圈在一起，在本篇中，将其称为"受伤圈"。

"受伤圈"可以用来帮助自己厘清究竟有多少情绪是属于自己的，又有多少是属于别人的。

方法如下。

1. 通过视觉化的方式，先在纸上画一个圆圈来代表自己情绪的大小（这情绪可以是痛苦、难过、哀伤、自责），以帮助我们看清伤痛的程度。

2. 试着将这个圆做切割，对我们要探讨的人给予不同百分比的"痛苦指数"（总和为百分之百），**并在每个比例的旁边，按照"事件—解读—情绪"的方式，写下痛苦的原因。**这能让我们更清楚，自己是否过度解读了自己与他人的处境和情绪。

3. 讨论每个人被分配到的大小百分比及可能代表的意义。例如，"婆婆对于我在除夕夜负责整个家族团圆饭的辛苦和压力都视而不见，还嫌东嫌西，先生也不知道要来帮忙，真是让我感到委屈"。

4.「受伤圈」可以反复修正或重新绘制，每重画一次，都说明了我们情绪的再度整理与体悟。通过这个过程，我们可以不断修正自己看待事情的角度，对于认识自己与他人都有帮助。

通过画圆圈，将强烈的情绪，用视觉的方式加以澄清，有益于经常陷入负面情绪泥淖的人重新看清自己及他人的情绪。

这可以帮助我们用另一种观点看事情，敞开心胸地表达自己的情感和情绪，大家一起思考、讨论，更容易看清彼此的盲点，解开彼此的误会。

而情绪释怀后的平静状态，也能帮助关系中的双方好好对话，开启有效的沟通，逐步迈向情感修复之路。

受伤圈

婆婆 2% 要不是我身体不舒服,我就自己煮了,还比较快!

先生 23%

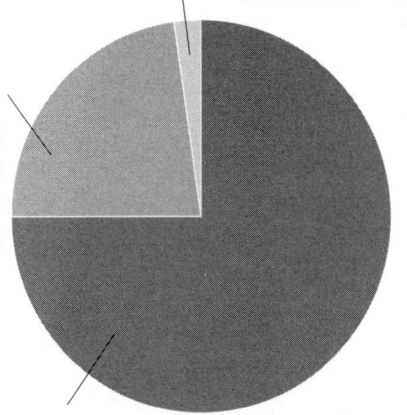

老婆煮年夜饭很辛苦,但当天我也很忙。夹在太太和妈妈之间我也很无奈。

我 75% 婆婆对于我在除夕夜负责整个家族团圆饭的辛苦和压力都视而不见,还嫌东嫌西,先生也不知道要来帮忙,真是让我感到委屈!